2020-2040

베트남의
정해진 미래

2020-2040
베트남의 정해진 미래

2019년 9월 27일 초판1쇄 발행
2020년 9월 26일 초판3쇄 발행

지은이 조영태·쩐 밍 뚜언·응우옌 쑤언 중

펴낸이 권정희
펴낸곳 ㈜북스톤
주소 서울특별시 성동구 연무장7길 11, 8층
대표전화 02-6463-7000
팩스 02-6499-1706
이메일 info@book-stone.co.kr
출판등록 2015년 1월 2일 제2018-000078호
ⓒ 조영태·쩐 밍 뚜언·응우옌 쑤언 중
(저작권자와 맺은 특약에 따라 검인을 생략합니다)
ISBN 979-11-87289-69-2 (03320)

이 책의 국립중앙도서관 출판예정도서목록(CIP)은 서지정보유통지원시스템 홈페이지(http://
seoji.nl.go.kr)와 국가자료공동목록시스템(http://www.nl.go.kr/kolisnet)에서 이용하실 수 있습
니다.(CIP제어번호: CIP 2019034982)

책값은 뒤표지에 있습니다. 잘못된 책은 구입처에서 바꿔드립니다.

북스톤은 세상에 오래 남는 책을 만들고자 합니다. 이에 동참을 원하는 독자 여러분의 아이디어와 원
고를 기다리고 있습니다. 책으로 엮기를 원하는 기획이나 원고가 있으신 분은 연락처와 함께 이메일
info@book-stone.co.kr로 보내주세요. 돌에 새기듯, 오래 남는 지혜를 전하는 데 힘쓰겠습니다.

2020-2040

베트남의
정해진 미래

인구학과 경제학이 알려주는 베트남의 기회와 위험

조영태 · 쩐 밍 뚜언 · 응우옌 쑤언 중 지음

북스톤

인포그래픽으로 보는 베트남 소비시장의 미래

출생아
[부모형 소비시장, 한국의 6.4배로 성장]

출생아 수는 미래의 인구구조는 물론 소비시장의 향방,

노동시장의 규모 등을 가늠할 수 있는 주요 지표다.

불과 한 세대 만에

출생아가 절반 수준으로 급감한 우리나라와 달리

베트남은 20여 년간 매년 130만 명 이상 태어나며

안정적인 인구구조를 만들어가고 있다.

2019년 현재 베트남 출생아 규모는 이미 한국의 5배이며,

2040년 6.4배에 달할 것으로 예상된다.

신생아는 기저귀, 영아용품, 분유, 산부인과 등의 시장에 영향을 미치며,

'부모형 소비시장'의 미래를 가늠케 한다.

초저출산에 직접 타격을 입고 있는 관련 산업이라면

베트남에서 새로운 기회를 모색해볼 수 있지 않을까?

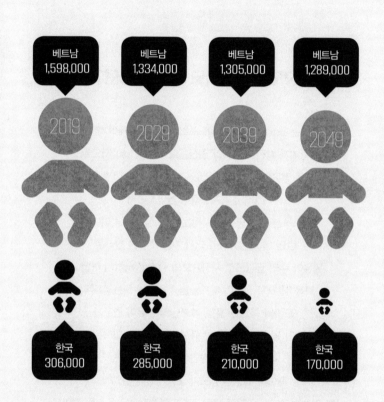

영유아
(0~6세)

[규모가 작아져도 시장은 커진다]

영유아는 소비시장인 동시에 사회 및 가정의 케어 대상이다.

경제가 발전함에 따라 출산율도 조금씩 낮아지므로

베트남의 영유아 인구는 앞으로 다소 줄어들 것이 불가피하다.

그러나 가계소득이 높아지면서

보육산업 등 영유아 시장은 계속 성장할 것이다.

반면 이미 영유아에 대한 지출이 높은 한국은

영유아 수의 급감으로 시장규모의 축소를 피하기 어렵다.

보육 및 교육 산업이 베트남을 주목해야 하는 이유다.

또 하나 중요한 점은, 베트남의 영유아 인구가

연령별 130만 명 이상의 일정한 규모를 유지하고 있다는 사실이다.

따라서 이들이 성인이 되었을 때에도

해마다 일정한 규모가 노동시장에 진입해

생산가능인구에서 일자형 연령구조가 안정적으로 유지될 것이다.

학령인구
(7~18세)

[본격적 사교육 시장은 이제부터]

학령인구는 곧 전반적인 교육수요의 크기를 좌우하며
미래 인적자원의 총량이기도 하다.
교육의 질이 향상된다면 베트남 인재풀은 크게 늘어날 것이며,
인구배당 효과 또한 계속 커질 수 있다.
현재 베트남 정부는 물론이고 일반 가정에서도 자녀들의 교육에
투자를 아끼지 않는 만큼 베트남이 앞으로 20~30년간
인구배당을 받을 가능성은 매우 높다.
한편 이러한 교육열은 교육시장의 성장으로 직결된다.
오늘날 베트남은 증가하는 가계소득, 영어 열풍 등
한국의 사교육 시장이 팽창하던 시기와 유사한 사회적 환경변화를 겪고 있다.
이 말은 곧 양질의 교육 콘텐츠를 갖춘다면 베트남이야말로
포화상태인 국내 사교육 산업의 새로운 돌파구가 될 수 있다는 뜻이기도 하다.

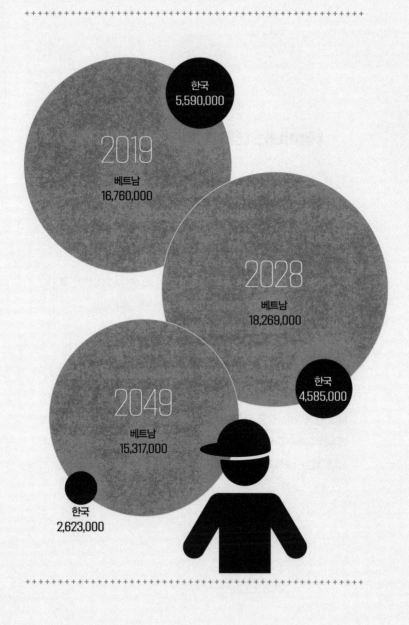

한국
5,590,000

2019
베트남
16,760,000

2028
베트남
18,269,000

한국
4,585,000

2049
베트남
15,317,000

한국
2,623,000

19세 인구
[늘어나는 대학생, 역부족인 대학교육]

고등학교를 졸업하면 대개 대학에 진학하거나 취업을 하게 된다.
19세 인구는 대학 진학인구와 노동시장 진입인구를 가늠하게 해주며
소비자로서 미용, 패션, 엔터테인먼트, 프로스포츠, 식음료 등
다양한 산업군에 영향을 미친다.
지금까지 베트남 사람들은 대부분 고등학교까지 교육받은 후
대학에 진학하기보다는 취업을 했다.
그러나 앞으로는 변화가 불가피할 것이다.
현재 베트남의 대학 진학률은 23.4%에 그치고 있지만,
앞으로 베트남 사회가 많은 대졸자를 필요로 하게 되어
대졸자의 처우가 좋아지면서 대학 진학률도 높아질 것이다.
10여 년 후에는 평균 교육수준이 현재의 9년에서 12년에 가까워지고,
이러한 교육수준의 상승은 국가발전의 직접적인 원동력이 될 것이다.
문제는, 아직 베트남에 수준 높은 대학이 많지 않다는 것이다.

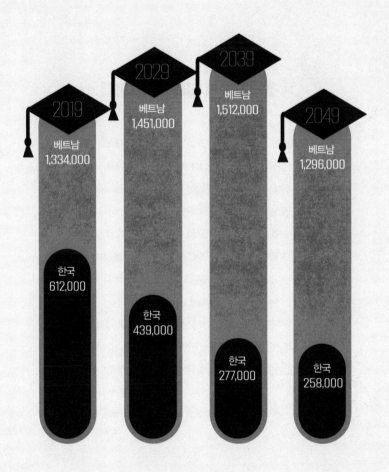

2019
베트남
1,334,000
한국
612,000

2029
베트남
1,451,000
한국
439,000

2039
베트남
1,512,000
한국
277,000

2049
베트남
1,296,000
한국
258,000

20대 인구
[경제발전의 최대 수혜자들]

20대 인구는 성인으로 직장, 혼인, 대학, 대학원 등

사회의 중추가 될 미래의 인재집단이다.

동시에 청년으로서 문화변동의 첨병이기도 하다.

오늘날 베트남의 20대는 이전 세대에 비해

교육수준이 비약적으로 높아진 첫 세대로서

과거 한국의 386세대와 유사한 성장을 하게 될 가능성이 매우 높다.

현재 베트남의 20대는

한국의 20대에 비해 2.4배 규모이지만

2030년이 되면 3배, 2040년에는 4배 규모로 커져갈 것이다.

이들은 베트남 경제발전의 결실을 흡수해가며

과거와는 다른 소비의 관성을 보여줄 것이다.

*우측의 도표는 전체 인구 중 20대 비율을 표시했다.

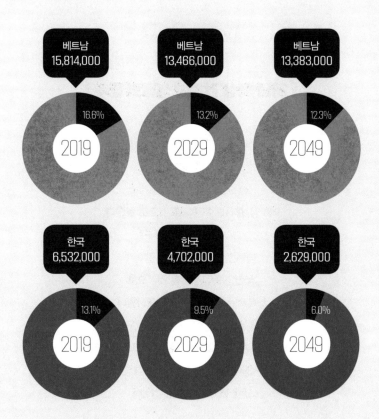

베트남
15,814,000

16.6%

2019

베트남
13,466,000

13.2%

2029

베트남
13,383,000

12.3%

2049

한국
6,532,000

13.1%

2019

한국
4,702,000

9.5%

2029

한국
2,629,000

6.0%

2049

+ +

허리 인구
(35~44세)
[20년 이상 건재할 성장의 중추]

생산가능인구(15~64세 인구) 중에서도

중추에 해당하는 이들은

2029년까지 꾸준히 증가해

베트남 경제를 지탱해줄 것으로 보인다.

그 후 소폭 감소하지만

매년 130만 명 이상의 인구가

생산인구로 진입할 것이므로

하락세는 완만할 것으로 예상된다.

또한 같은 시기에 15세 미만 인구도

지속적으로 감소할 것이어서

전체 인구에서 생산가능인구가 차지하는 비중은

크게 변화하지 않을 것이다.

+ +

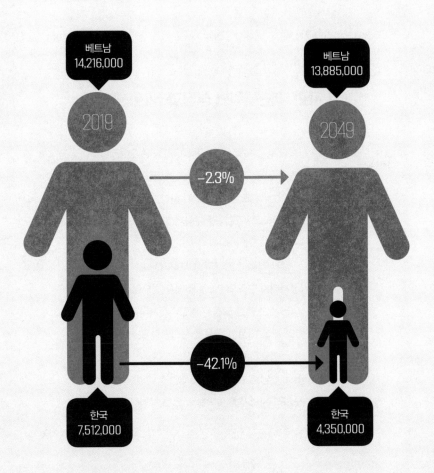

++

기성세대
(45~59세)

[사회 주도세력의 성장과 정년연장]

이들은 사회에서 경제력 및 정치력이 가장 큰 연령대이며

소득이 높은 만큼 고급자동차 등의 소비도 많이 하며

투자도 가장 활발히 한다.

2019년, 한국과 베트남의 기성세대 전체 규모는

크게 차이나지 않지만

점차 격차가 벌어져 2040년대에는

베트남 기성세대가 한국의 2.3배에 이를 것으로 예상된다.

이들은 조만간 노동시장에서 빠져나가

사회의 케어 대상이 되므로 은퇴연령 조정 등

사회적 대비책이 필요해진다.

이에 따라 베트남도 현행 55~60세인 정년연장에 대한

사회적 논의가 불가피할 것으로 보인다.

++

노령인구
(65세 이상)

[2000만 고령자 시대가 온다]

베트남 사회가 발전함에 따라 인구고령화도 진전돼
2014년에 7%였던 고령자 인구는
2049년이 되면 약 18%에 달할 것이다.
베트남도 마냥 젊은 국가인 것만은 아닌 것이다.
이에 따라 이들의 건강관리 및 케어에 대한
투자가 늘면서 의료나 제약을 비롯해
각종 건강관리, 보험, 요양시설 등
관련 사업기회를 다방면에서 모색할 수 있을 것이다.

*우측의 도표는 전체 인구 중 노령인구의 비율을 표시했다.

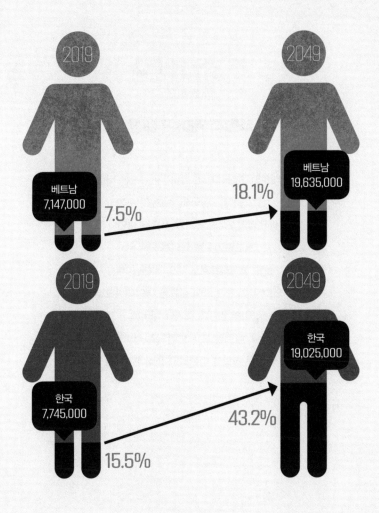

+++

초고령인구
(80세 이상)

[사회적 케어의 대상]

2019년 베트남과 한국의 초고령인구 규모는 비슷하지만

2027년에는 한국의 초고령인구가

베트남의 2배를 초과할 것으로 보인다.

초고령인구는 개인과 가족은

물론 사회적으로도 부양의 대상이다.

의료서비스가 반드시 필요한 연령대이므로

이들 인구의 증가에 대비해

한국과 베트남 모두 보건의료 서비스와

관련 시설 및 제도를 마련하고 정비해두어야 한다.

+++

인구학과 경제학이 바라본 한국과 베트남의 미래

한국에선 요즈음 베트남에 대한 관심이 높다. 아니, 단순히 관심이 높다기보다 각별하다는 표현이 더 맞을지도 모르겠다. 우리가 다른 나라 축구 중계를 보면서 특정 국가의 승리를 애타게 기원했던 적이 최근에 베트남 말고 또 있었나?

베트남 쪽에서도 마찬가지로 한국은 매우 특별한 나라가 되었다. 아이가 태어나면 '한국애 같아요'라는 말을 덕담으로 건넬 정도로 한국을 좋아하고 동경한다.

물론 여기에는 덕장(德長) 박항서 감독이 양국에 보여준 축구 스토리가 한몫했다. 한국 사람들은 박 감독의 지도하에 승승장구하는 베트남 축구팀을 보면서 IMF 외환위기를 극복할 때 국민들에게 희망을 선사한 2002년 월드컵 신화를 떠올렸다. 베트남 사람들은 박항서 감독이 다른 외국 감독들과 달리 아버지의 정(情)으로 선수들을 챙기고 돌보는 모습을 보면서 한국의 성공신화가 베트남에서도 이루어질 것이라는 희망을 키웠다.

그런데 두 나라의 각별함이 박항서 감독 때문만이 아님은 누구나 알고 있다. 한국과 베트남은 이미 경제적 파트너로서 공생의 관계에 들어선 지 오래다. 단순히 교역의 양과 내용 면에서만이 아니라 사람들이 교류하는 모습도 과거 한국과 중국이 경제교류를 시작할 때보다 더 활발한 느낌이다. 한국의 경제성장이 빠르게 둔화되면서 많은 한국 사람들이 해외시장으로 눈을 돌리기 시작했는데, 많은 해외시장 가운데 베트남이 가장 매력적으로 보인다. 베트남 입장에서도 국가가 발전하려면 벤치마킹할 발전모델이 필요한데, 엄청난 속도로 발전해 세계 최빈국에서 선진국으로 도약한 한국만 한 모델이 없어 보인다.

앞으로 두 나라의 교류와 협력은 더욱 커질 것이 분명하다. 경제적 측면만이 아니라 교육, 문화, 스포츠, 엔터테인먼트, 행정, 외교 등 관계의 폭과 깊이가 더 넓어지고 깊어질 것이다. 특히 베트남의 경제발전이 가속화될수록 한국 기업과 개인들의 베트남에 대한 투자도 더 늘어날 것이다.

그런데 이처럼 활발히 교류하고 있는 양국은 서로에 대해 얼마나 알고 있을까? 베트남의 수도는 하노이이고, 베트남어는 성조가 6개나 되어 발음이 매우 어렵다는 것, 한국에 비해 젊은 사람들이 매우 많다는 것, 길거리에는 오토바이가 사람 수만큼 많다는 것, 국토가 매우 길다는 것, 베트남전에서 미국을 이겼다는 것 등 적지 않게 알고 있는 것 같긴 한데, 뭔가 충분하지는 않은 느낌이다. 앞으로 한국과 베트남 양국 간의 교류와 의존이 더 커질 것이 분명한 만큼 베트남에 대해 더 알고 싶은데, 참고할 만한 책도 마땅치 않다.

물론 시중에는 베트남에 대한 책들이 많다. 그런데 대부분 베트남 투자나 관광지를 안내하고 있을 뿐이다. 예전 한국이 중국에 진출하고 경제교류와 협력을 키워갈 때에는 중국에 관한 책이 참으로 많고도 다양했다. 단순히 투자와 관광에 국한되지 않고 중국의 정치제도, 사회, 문화, 지역 등 그야말로 다양하고 폭넓은 주제를 다루고 있었다. 그런데 '넥스트 차이나(next China)'라 여겨지는 베트남에 대해 다방면에서 조명한 참고서 같은 책은 아예 없다고 해도 과언이 아니다. 이것이 이 책을 집필한 이유다.

그나마 출간된 책들은 대부분 한국 사람의 관점에서 바라본 베트남에 대해서만 기술하고 있다. '내가 베트남을 좀 아는데, 가보니 이러저러하더라'라는 방식으로 말이다. 당연히 한국인의 관점에서 본 내용만을 쓸 수밖에 없다. 그렇지 않아도 베트남에 대해 알려진 바가 많지 않은데 이렇게 한국인의 관점에서 기술된 것들만으로 베트남을 온전히 이해할 수 있을까? 당연히 제한적일 수밖에 없다. 이것이 한 명의 한국인과 2명의 베트남인이 공동으로 이 책을 저술한 이유다.

이 책의 책임저자인 조영태는 인구학자다. 인구학은 사람들이 태어나고, 이동하고, 사망하는 현상을 공부하는 학문인데, 조영태가 관심을 두고 있는 분야는 출생, 이동, 사망으로 촉발돼 변화하는 사회상이다. 사회는 인구로 구성되기 때문에 출생, 이동, 사망은 필연적으로 사회를 변화시킨다. 인구변화를 촉발하는 요소들을 잘 이해하면 앞으로 변화될 사회가 언제 어떤 모습으로 바뀔지 예측이 가능하다.

미래사회의 변화 방향을 조망하는 연구를 주로 하는 조영태는 2015년 가을부터 1년간 베트남 정부의 인구및가족계획국에서 인구정책 자문관으로 활동했다. 사회주의 국가인 베트남은 모든 분야에서 정부의 역할이 매우 크고 중요하다. 베트남 정부에서의 활동은 인구학자로서 베트남의 현재를 이해하고 앞으로 이 나라가 어떻게 바뀌어갈지 예측하는 데 큰 도움이 되었다.

그런데 아무리 인구정보로 사회를 읽는 인구학자이고 베트남 정부에서 활동을 했다 해도 외국인은 외국인이다. 이해가 제한적일 수밖에 없다. 특히 정부 정책은 베트남의 거시적인 사회구조는 물론이고 개인들의 일상에까지 영향을 주게 되는데 그걸 외국인이 다 이해하는 것은 불가능한 것이 사실이다.

그래서 2명의 베트남 경제학자가 이 책의 집필에 함께했다. 쩐 밍 뚜언(Trần Minh Tuấn)은 베트남 사회과학원 대학원(Vietnam Academy of Social Science, Graduate Academy of Social Science)

의 부원장이다. 베트남 사회과학원은 베트남 정부조직으로 사회과학과 관련한 연구와 정책개발을 담당한다. 여기에는 인류학, 사회학, 경제학 등 다양한 사회과학 분야를 전문적으로 연구하는 연구소들이 따로 있다. 또 행정학으로 석사와 박사를 수여하는 고등교육기관도 있는데, 베트남의 거의 모든 고위공직자와 공산당 간부들은 이곳에서 행정과 정책을 개발하는 방법을 배우고 학위를 취득한다. 바로 사회과학원 대학원이다.

또 다른 저자는 응우옌 쑤언 중(Nguyễn Xuân Dũng) 교수로, 현재 베트남 사회과학원 경제학연구소의 교수로 재직하고 있다. 베트남의 주요 경제정책이나 경제개발계획 등이 바로 이 경제학연구소의 연구를 통해 만들어진다.

3명의 저자가 모여 인구학과 경제학, 내국인과 외국인의 시각과 해석을 더함으로써 좀 더 종합적이고 다층적인 베트남 소개를 하고자 의기투합한 결과물이 바로 이 책이다. 지금까지 외국인이 인구학의 눈으로 베트남의 현재를 분석하고 미래를 예측하고, 그것을 베트남 학자가 검증하고 보완한 연구는 없었다.

이 책은 크게 3개의 장으로 구성된다. 1장은 인구학자인 책임저자가 인구학의 관점에서 조망하고 설명한 베트남의 현재와 미래다. 저자는 이미 전작《정해진 미래》와《정해진 미래 시장의 기회》를 통해 인구학적 관점이 사회변화를 이해하는 데 얼마나 유용하고 통찰력 있는지 보여주었다. 같은 맥락에서 저자는 인구학을 활용하여 베트남의 정해진 미래상을 조망했다.

2장에서는 많은 한국인들이 베트남에 대해 갖고 있는 오해들에 대해 3명의 저자가 함께 정리했다. 오해는 잘못된 결론으로 인도할 수 있기에 위험하다. 베트남을 잘 알고서 교류와 협력을 해도 성공하기가 쉽지 않을 텐데 오해가 있다면 좋은 결과를 담보하긴 어렵다고 봐야 한다. 2장을 통해 많은 한국인들이 흔히 말하는 '베트남은 이러이러하대'라는 생각에 얼마나 오류가 있는지 확인할 수 있을 것이다.

3장은 대담이다. 어찌 보면 앞 두 장의 정리격인데, 한국인 저자가 인구학의 눈으로 베트남 사회에 대해 질문을 던지면 경제학자인 베트남 저자들이 답을 했다. 대담에서 외국인으로서 한국 저자가 제시하고 분석한 내용을 베트남 저자들이 자국의 경제정책을 바탕으로 확인도 하고 보충 설명도 했다. 당연히 저자들은 독자들이 책의 전부를 정독해주시길 기대하지만 만약 시간적 여유가 없는 독자라면 이 대담 내용이라도 꼭 읽어봐주시길 권한다.

앞에서도 말했지만 이 책은 베트남 투자서 용도로 집필한 것은 아니다. 그럼에도 베트남 투자를 생각하고 있는 기업과 개인들에게 매우 유용한 참고서가 될 것이다. 책의 제목처럼 베트남이 2020년부터 2040년까지 어떤 변화를 경험하게 될지 예측한 것은 베트남의 현재는 물론이고 앞으로의 발전방향을 이해하는 데 큰 도움이 될 것이기 때문이다. 그런 점에서 저자들은 이 책이 한국 독자뿐 아니라 베트남 국민들에게도 유용하게 쓰여질 것이라 기대한다. 베트남이 앞으로 어떻게 변화해갈지에 대한 정보는 외국인 못지않게 베트남 정부와 기업가에게 오히려 더 필요하지 않겠는가.

이 점을 고려해 이 책은 2019년 가을 한국의 독자들에게 먼저 소개되고, 같은 내용이 2019년 겨울 베트남에서 베트남 독자들을 만날 예정이다. 그럼으로써 베트남 사람들이 스스로의 미래를 기획하는 데 도움이 되는 것은 물론, 베트남 정부나 연구자들이 자국의 미래를 기획하는 데 참고서로 쓰일 수 있으리라 기대한다. 당장 베트남 정부 인구국이 앞으로 만들어낼 인구와 발전전략에 활용될 수 있다. 본문에도 자세히 이야기했지만 인구와 발전전략은 앞으로 베트남이 언제 어느 지역에 거점도시를 조성하고 무엇을 성장동력으로 삼을지 기획하는 것으로, 기업인들이라면 반드시 알아야 할 매우 중요한 정책이다.

마지막으로 어떻게 저자들이 서로 알게 되었고 이 책을 기획하게 되었는지 말씀드리고 싶다. 한국인 저자인 조영태는 2015~16년 베트남에 머무는 동안 테니스에 심취했다. 잘 쳐서가 아니라 아무리 해도 늘지 않는 테니스 실력이 야속해서 시간 여유가 생길 때마다 테니스장을 방문했는데, 거기서 베트남 저자인 쩐 밍 뚜언을 만났다. 테니스를 칠 때에는 서로 경쟁했지만 (사실은 주로 일방적인 경기가 되었지만) 테니스를 마치면 으레 하노이 사람들이 좋아하는 비어허이(Bia hơi)에서 맥주를 한잔하며 인구학과 경제학으로 한국과 베트남은 물론이고 전 세계를 논하곤 했다. 그 자리에서 공동저자 응우옌 쑤언 중 교수를 만났고, 지금까지 4년간 학자로서 또한 생활인으로서 친분을 다져왔다.

테니스장에서 그리고 비어허이에서 저자들이 함께 나누었던 수많은 대화들 중 한 가지를 독자들과 나누고 싶다. 지금 하노이와 호치민에는 곳곳에 테니스장과 풋살 경기장이 있고, 그 옆에는 언제나 비어허이 같은 대규모 펍레스토랑들이 있다. 하노이와 호치민의 '땅값'이 얼마나 올라가는지는 이 테니스장과 비어허이가 여전히 존재하는지 아니면 그 자리가 건물로 개발되는지를 보면 쉽게 알 수 있을 것이다. 바로 우리나라가 20여 년 전에 경험한 것처럼.

테니스를 좋아하는 저자들은 물론 테니스장이 계속 있어서 많은 이들의 건강증진에 기여해주기를 희망한다. 하지만 부동산 가격이 올라 테니스장에 건물이 들어서는 것은 그야말로 시간문제다. 만일 베트남 사람이건 한국 사람이건 누군가가 그 작업을 한다면 먼저 이 책을 읽어봤으면 좋겠다. 건강을 위해 존재하던 테니스장이 건물로 바뀐다면, 기왕이면 탐욕스런 투자가 아니라 건강한 혹은 건전한 투자가 되어야 하지 않을까?

저자를 대표하여 조영태

CHAPTER 2 ————————————————
베트남, 이것이 궁금하다

CHAPTER 3

좌담 : 한국의 인구학자가 묻고 베트남 경제학자가 답하다

언론매체에서 나를 소개할 때 대개 '서울대학교 교수'라는 타이틀을 쓰곤 한다. 그러나 나는 학교 외 기업이나 지자체에 강연을 할 때에는 '베트남 정부 인구정책 자문'이라는 직함을 항상 함께 쓴다. 한국의 인구문제가 이미 원상회복이 어려운 수준으로 심각해진 반면, 베트남의 인구는 문제가 아니라 기회로 작동할 여지가 크다는 사실을 한국 사람들에게 보여주기 위해서다.

인구정책 자문으로 베트남과 인연을 맺게 된 것은 4년 전으로 거슬러 올라간다. 2015년 연구년 기간에 베트남 정부의 인구및가족계획국에서 연구실을 제공받아 1년 동안 함께 생활했다. 많은 교수들이 연구년에 으레 미국에 가는데 특별히 베트남에 간 이유가 있다. 2013년인가, 삼성전자가 하노이 북쪽지역에 있는 박닝(Bắc Ninh)에 스마트폰 공장을 짓고 난 후 많은 한국 기업들도 베트남으로 갔다. 많은 기업들이 15년 전쯤에 중국 시장에 들어갔다가 중국에서 어려워지니 빠져나와서 베트남으로 눈을 돌린 것이다. 말하자면 베트남은 한국 기업들에게 '포스트 차이나', 새로운 기회의 땅인 셈이다. 그리고 인구학자인 내 눈에도 베트남은 그럴 가능성이 작아 보이지 않았다.

베트남 성장의 원동력, 인구

베트남은 중국의 대안이 될 수 있을까?

2010년 즈음만 하더라도 중국은 '세계의 공장'으로 통했다. 그러나 최근 몇 년간 중국에 진출한 많은 기업들이 중국의 인건비 상승 부담을 이기지 못해 공장을 철수했다. 해외 기업에 주던 세금 감면 등의 혜택이 줄어들고 규제가 까다로워지는 것도 탈 중국 흐름을 부추겼다. 그러나 한편으로 중국이 소비시장으로 부상하면서 한국 기업들은 새로운 돌파구를 찾고자 했는데, 최근 들어 이 또한 어려움을 겪고 있다. 2013년 이래 중국에서 매년 100만 대 이상 판매하던 현대자동차는 사드 사태를 겪으며 판매순위가 4위에서 9위로 밀려났다. 판매세가 꺾이면서 중국 현지의 공장 가동률도 50% 밑으로 떨어지자 일부 공장 가동을 중단하고 구조조정한다는 소식이 들려오고 있다. 현대자동차뿐 아니라 한국 기업 상당수가 직면하는 문제다.

중국 시장은 왜 어려워졌을까? 여러 가지 원인이 있을 것이다. 모두가 다 아는 대로 우선 인건비가 상승했다. 규제강화도 원인으로 꼽힌다. 그러나 더 본질적인 요인은 중국 기업의 약진이다. 자국 자본으로 만들어진 기업들이 급격히 성장하면서 중국 정부의 혜택도 더해졌을 테고, 중국 국민들도 자국 제품을 더 사용했을 것이다. 실제로 현대자동차 위로 2018년 말 현재 5개의 중국 자동차 브랜드가 자리 잡고 있다.

롯데마트가 2017년 중국 시장에서 철수해 큰 이슈가 되었는데, 그때 우리나라 언론에서는 사드 보복조치 때문이라고만 보도했다. 하지만 실상은 사드 때문만이 아니었다. 그 전에 이미 중국 시장 상황은 한국 기업에 불리하게 돌아가고 있었고, 그래서 출구 전략을 모색할 시점에 사드 사태가 터졌다고 보는 게 더 합당할 것이다. 과거 우리나라에 대형마트가 등장할 무렵 까르푸와 월마트가 가장 먼저 들어왔는데 지금은 다 없어지지 않았는가? 유통산업에서 우리 기업들이 더 잘했기 때문에 까르푸와 월마트가 적절한 시기에 출구 전략을 꾀한 것이다. 롯데마트의 중국 시장 철수도 이와 똑같다.

이런 이유로 많은 기업들이 중국에서 빠져나와 베트남으로 향하고 있다. 우리나라 기업들이 중국에서 한국으로 돌아오지 않고 어떻게든 포스트 차이나를 모색하는 이유는 간단하다. 20년 후 우리나라의 미래를 결코 낙관할 수 없기 때문이다. 20년까지 갈 것도 없이, 2035년이 되면 우리나라 인구 3명 중 한 명이 65세 이상이 된다. 유례를 찾기 어려운 고령국가가 탄생하는 것이다. 이미 우리나라의 중위연령은 42세. 중위연령이란, 한 나라의 인구를 0세부터 나이순으로 죽 세웠을 때 딱 중간에 있는 사람의 나이를 가리킨다. 계속 고령화되는 추세이니 20년 후 우리나라의 중위연령도 더 올라갈 게 분명하다. 통계청은 2040년 우리나라의 중위연령이 54.4세가 될 것으로 예측하고 있다.

사람이 나이 들수록 젊은 사람들의 손길이나 생각이 필요할 수밖에 없듯 국가도 마찬가지다. 국가가 고령화될수록 주변에 젊은 국가들이 있어야 성장을 지속할 수 있다. 우리나라보다도 15년 앞서 고령화를 맞이한 일본은 당시 성장에 박차를 가하던 젊은 국가 한국과 대만이 있었기에 고령화에도 불구하고 지속적 성장이 가능했다고 평가받고 있다.[1]

그런데 우리 바로 옆에는 원조 고령국가인 일본이 있고, 저출산 고령화 흐름이 우리 못지않은 중국이 있다. 더욱이 중국에서는 우리 기업 상당수가 인구 여파를 맞이하기도 전에 이미 쓴맛을 보았다.

이러던 차, 불행 중 다행으로 비교적 가까운 거리에 젊은 국가 베트남이 있다. 2017년 기준 베트남의 중위연령은 약 30세다. 우리나라에서 전성기를 구가하고 성숙기에 접어든 산업을 이 젊은 나라에 이식하거나 응용할 수 있지 않을까? 국내에서 치열한 경쟁을 거치며 다져온 매 단계마다의 성장전략이 있고, 오랜 세월 동안 시행착오를 거치며 쌓인 노하우가 있을 테니, 이것을 베트남 소비시장의 발달단계에 맞게 적절히 적용해볼 수 있을 것이다.

베트남이 앞으로 더 발전하고, 동시에 한국과 우호적인 파트너 관계를 돈독히 한다면 고령화된 한국의 미래를 보장할 수 있는 하나의 기회가 될 것이다. 지금 당장 베트남에 투자하려는 기업과 개인이 아니더라도 고령사회를 살아갈 우리나라 사람이라면 젊은 이웃국가 베트남의 미래에 관심을 가져야 할 이유다.

베트남을 알려면 인구를 알아야 한다

한 나라의 미래를 보려면, 특히 해외 투자를 염두에 둔다면 반드시 고려해야 할 요소들이 많다. 정치적 안정성, 지리적 위치, 역사, 종교 등 다양한 요소를 짚어봐야 하는데, 그중에서도 매우 중요한 요소가 바로 인구다. 인구는 사회 및 경제 개발과 밀접한 관계가 있기 때문이다.[2]

해외에 진출하거나 투자할 때는 크게 두 가지를 고려하게 된다. 하나는 그 나라가 소비시장으로서 얼마나 매력적인가 하는 것이고, 다른 하나는 가격경쟁력 있는 양질의 노동력을 공급하는 노동시장인가 하는 것이다.

소비시장의 매력도는 시장의 크기와 개별 인구의 구매력(per capita purchasing power)으로 판단할 수 있는데, 이는 인구규모와 전반적인 경제력에 의해 결정된다. 인구가 많다면 기본적으로 시장도 크다고 볼 수 있다. 또한 소득이 높아 개개인의 구매력이 높다면 그것으로도 시장은 충분히 커질 수 있다. 만약 인구도 많은데 개개인의 구매력도 크다면? 이것이야말로 금상첨화다. 현재 미국이나 중국의 동안지역이 바로 이런 곳이다. 우리나라도 1990년대 이후 베이비부머들이 주요 생산연령에 접어들면서 이들을 바탕으로 시장의 규모가 크게 성장했고, 전반적인 소득수준도 높아져 소비시장이 커진 바 있다.

한편 노동시장은 인구구조가 중요하다. 생산연령대 인구가 얼마나 많은지, 그들의 노동생산성은 얼마나 되는지가 노동시장의 경쟁력을 결정하는데 이 역시 대표적인 인구특성이다.

결국 제품을 팔러 가든 생산공장을 세우러 가든, 그 나라의 인구를 반드시 봐야 한다는 것이다. 그냥 살펴보는 수준이 아니라 꼼꼼히 분석해야 한다. 이렇게 강조하는 이유는 인구가 워낙 중요한 요소여서이기도 하지만, 더 큰 이유는 우리가 해외 투자를 염두에 두고 있기 때문이다. 자국의 내수시장에 투자하는 것이라면 사실 인구특성을 분석한다고 해서 선택권이 몇 배 커지지는 않는다. 우리나라 인구가 이미 지금처럼 되어 있는 것을 기업이나 개인이 조정할 수도 없거니와 수익성 높은 인구집단을 선택하는 데에도 한계가 있다. 하지만 해외에 투자할 곳을 정하려고 한다면 전 세계에서 양질의 소비시장 및 노동시장이 가장 잘 조성돼 있는 최적의 지역으로 가야 하지 않겠는가? 나아가 한 방에 치고 빠지는 단기투자가 아니라 중장기 진출과 투자를 고려한다면 인구요소들의 현재 특성만이 아니라 미래의 변화되는 모습까지 미리 파악해야 한다.

인구학의 매력과 효용은 미래의 사회 변화를 거의 정확하게 예측할 수 있다는 데 있다. 특히 한국이나 베트남처럼 해외로 나가거나 들어오는 이동인구가 많지 않은 나라는 출생아 수와 사망자 수와 연령구조만 알고 있으면 10~15년 뒤의 인구를 어렵지 않게 계산할 수 있다. 인구를 통해 '정해진 미래'를 미리 볼 수 있다는 것이다. 미래의 시장상황을 미루어 짐작할 수 있음은 물론이다.

그러나 지금까지 우리나라 기업의 대다수는 해외에 진출할 때 인구학적 관점에서 시장의 현재와 미래를 파악하는 데 소극적이었던 것이 사실이다. 베트남에 관한 다양한 연구결과 가운데 인구학적 관점에서 베트남을 분석한 연구는 거의 없다. 특히 우리나라 기업들의 가장 큰 관심사인 '시장으로서의 베트남'에 대한 분석은 찾아보기 어렵다. 베트남의 출생, 인구이동, 사망 등 인구 요소들이 어떻게 변화해왔으며 이들의 특성은 무엇인지, 그리고 앞으로 어떻게 변화할 것인지에 대한 인구학적 연구가 거의 없다는 것이다.

베트남 진출을 타진하는 기업들도 예외는 아니었다. 그저 현재 베트남 인구가 1억에 육박하고 젊은 노동인구가 많으니 경제성장에 유리하다는 것에 주목해 베트남을 찾는 경우가 대부분이었다. 이렇게 진출을 결정하면 현재의 인구를 준거로 투자의 미래수익을 판단하는 우를 범하게 된다. 단기적인 성공은 가능할지언정 중장기적 성공을 거두기는 쉽지 않고, 자신의 운명을 말그대로 운에 맡기는 결과만 초래한다.

그러므로 인구현상의 현재와 미래를 파악하고, 이를 기반으로 시장의 현재와 미래를 분석하고 예측하는 작업은 해외진출을 모색하는 기업과 개인이라면 결코 빠뜨려서는 안 될 시장조사다. 베트남처럼 누구나 탐을 내고 마냥 좋아 보이기만 하는 국가라면 더욱더 면밀히 분석해서 남들이 짚지 못하는 리스크를 찾아내고, 남들이 찾아내지 못한 기회를 먼저 포착해야 한다.

베트남의 성장동력은 인구에서 나온다

베트남이 앞으로 얼마나 발전할 것 같은가? 마구마구 발전할까? 지금 분위기로는 왠지 그럴 것 같다. 최근 대학 최고위과정이나 일반 비즈니스 강의에 베트남 관련 강의가 많이 생기고 관심도 뜨겁다. 다른 아세안 국가들, 예컨대 인도네시아 과정도 생기고 있지만 베트남 강의만큼 인기 있지는 않다.

이렇게 관심이 쏠리는 이유는, 베트남에 가면 뭐든 뜰 것 같아서다. 부동산이든 사업기회든, 뭔가 뜰 게 있다고 생각하니 사람들이 몰리는 것이다. 그렇다면 베트남이 인도네시아보다 더 성장할 거라는 근거는 무엇인가?

이런 질문을 내가 몸담은 서울대 인구학 연구실에서도 한다.

과거 우리나라를 포함해 그 많은 아시아 국가 가운데 발전한 국가는 소수인데, 도대체 어떤 조건이 충족되었던 것일까?

그동안 한 국가의 경제·사회 발전에 가장 유리한 인구 특성이 무엇인지에 대한 수많은 연구가 있었다. 이들 연구가 공통으로 밝혀낸 사실은 일단 인구가 많다고 무조건 좋은 것은 아니라는 것이다. 크기보다는 연령분포가 중요하다. 통상 25~49세 인구가 전체에서 차지하는 비중이 높을수록 발전 가능성이 높다. 이 점에서도 베트남은 합격점(?)이다. 최근 베트남에 다녀온 분들이라면 공감할 것이다. 하노이나 호치민 시 같은 대도시는 말할 것도 없고 농어촌 지역에도 젊은 사람이 참 많다. 새벽부터 밤늦게까지 수많은 젊은이가 오토바이를 타고 분주하게 다닌다.

그러나 단순히 젊은 사람이 많은 것만으로 국가의 기운이 솟아나기는 어렵다. 우리나라에 비하면 젊은 나라임이 틀림없지만, 베트남보다 더 젊은 나라도 많지 않은가. 모든 젊은 나라가 생동하는 기운을 갖는 것은 아니라는 말이다. 그렇다면… 생각하는 기본 마인드? 물론 기본 마인드도 중요하다. 유교문화 특유의 조직문화 등도 발전을 가속화하는 데 도움이 될 것이다. 하지만 성장요인으로 꼽기에는 조금 모호하다.

유교문화가 발전에 역할을 하고 있다면, 그것은 조직문화의 측면보다는 교육의 측면에서일 것이다. 한 나라의 발전에 연령분포와 함께 가장 중요한 것이 교육수준이다. 젊은 인구의 교육수준이 높아야 한다. 나아가 더욱더 중요한 것은 교육수준이 향상되는 속도가 빨라야 한다는 점이다.

이러한 모든 조건에 부합한 나라가 1980년대 중후반의 대한민국이었고, 현재는 베트남이다. 사실 우리나라 25~49세 인구의 교육수준이 가장 높았던 때는 2000년대이지만, 이때는 인구 규모가 1980년대에 미치지 못했다. 즉 25~49세 인구의 양적, 질적 조건이 모두 충족되어야 발전이 가능한데, 현재 이 조건에 가장 잘 부합하는 나라가 바로 베트남이다. 그래서 베트남이 앞으로 우리나라만큼 발전할 가능성이 있다고 기대하는 것이다.

이러한 기류를 반영하듯 최근 들어 경제적, 정치적, 인구학적으로 우리나라와 베트남 간 교류와 협력이 급속히 증가하고 있다.

경제적 측면에서 보면, 지난 2016년에 베트남은 중국과 미국에 이어 우리나라의 3대 교역국이 되었다. 여기에는 1986년에 시행된 '도이머이(đổi mới) 정책'이 기폭제가 되었다. 베트남어로 '쇄신'을 뜻하는 도이머이 정책은 베트남식 개혁개방 정책으로, 베트남은 1986년 공산당 6차 전당대회에서 '사회주의 지향의 시장경제'라는 경제성장 방향을 천명한 이래로 대대적인 문호개방을 추진했다.

베트남은 1954년 프랑스로부터 독립한 이래 동족상잔의 전쟁

CHAPTER 1

을 우리나라보다 더 혹독하게 치렀고, 이후에도 캄보디아를 침공했다가 중국의 보복전쟁에 휘말렸으며, 미국의 고립정책에 묶여 해외무역이 막히는 등 내내 고난의 길을 걸어왔다. 이러한 위기를 타개하기 위해 나온 특단의 조치가 도이머이 정책으로, 한마디로 사회주의 정치체제를 유지하되 자본주의식 시장경제를 접목하는 시도였다.

도이머이 정책이 시행된 이후 베트남은 지속적인 경제성장을 이루어 1990년대 말 아시아의 많은 국가들이 외환위기를 겪는 와중에도 연평균 7%에 육박하는 경제성장을 지속했다. 2000년대 이후 우리나라 기업들의 직접투자도 급속히 증가해 2014년부터는 우리나라가 베트남의 가장 큰 투자자본이 된 것으로 알려져 있다.

이뿐인가, 베트남은 인구학적으로도 우리나라와 관련성이 매우 크다. 2017년 외국인고용허가제를 통해 우리나라에 합법적으로 들어와 있던 약 28만 외국인 근로자의 14%인 약 3만 9000명이 베트남인으로, 단일 국가로는 가장 많다. 또한 2005년 이후 베트남 여성들의 혼인이주 건수도 크게 증가해 2007~11년에는 매년 1만여 명의 베트남 여성이 우리나라 남성과 혼인했다. 최근에는 우리나라의 혼인시장 자체가 축소해 외국인 혼인 여성도 크게 줄었지만 2018년에도 여전히 6300여 명의 베트남 여성이 한국 남성과 혼인했다. 이는 조선족 동포를 포함한 중국 국적의 여성에 비해서도 2배 가까운 숫자다.

우리는 흔히 베트남과의 관계라 하면 베트남전의 상흔을 먼저 떠올리지만, 실제로는 경제적으로나 인구학적으로 교류가 활발히 진행되어왔던 것이다. 그러다 최근 베트남을 새로운 투자처, 새로운 시장으로 바라보게 되면서 베트남에 대한 관심이 부쩍 높아졌고, 학술적인 관심도 함께 증가했다. 사회과학 분야의 학술논문검색 서비스를 제공하는 포털 'DBpia'에서 '베트남'이라는 검색어로 1500개가 넘는 논문이 검색될 정도니 뜨거운 관심을 짐작할 수 있다.

서론이 길었다. 그래서 베트남의 인구는 구체적으로 어떻다는 것인가? 이제부터 베트남의 주요 인구통계를 소개하고, 시장으로서 각 통계가 지니는 의미를 해석해보겠다. 나아가 주요 인구통계가 머지않은 미래, 즉 10~15년 동안 어떻게 바뀌어갈지 예견하고, 그것이 시장으로서의 베트남 사회를 어떻게 바꾸어갈지에 대해서도 생각해보자.

시장으로서 베트남의 인구, 분포, 구조

일단 가장 기초적인 정보부터 알아보자. 오늘날의 베트남 인구는 얼마나 될까? 투자를 하려면 인구가 몇 명인지 정도는 알아

연도	총인구(천 명)	증가율(%)
1979	52,742	-
1989	64,376	2.10
1999	76,323	1.70
2009	85,847	1.18
2014	90,493	1.06
2019	96,209	1.14

야 하지 않겠나. 결국 인구가 시장이니 말이다.

UN이 발표한 2015년 세계인구전망(World Population Pro-spects: The 2015 Revision)에 따르면 베트남의 2015년 인구는 9300만 명 이상이고, 2017년에는 약 9500만 명이 될 것이라 했다. 그러나 베트남 통계국이 발표한 2015년 실제 인구는 9150만 명가량이었다. UN의 통계와 베트남의 통계가 일치하지 않는 이유는 서로 다른 방법으로 산출된 데에서 비롯된다. UN의 통계는 각종 통계치를 바탕으로 추정한 것인 반면, 베트남의 통계는 10년에 한 번씩 가가호호 방문을 통해 직접 조사된 센서스 데이터에 매년 조사되는 인구변동조사(Population Change Survey) 결과를 반영하여 추계된다. 마침 이 책을 쓴 2019년이 센서스가 수행된 해이고, 4월 1일 기준 공식적인 인구는 9620만 8984명이다. 국제적 공신력 때문에 많은 이들이 UN의 통계를 신뢰하지만, UN의 통계는 추정치이기 때문에 오히려 정확하지 않은 경우가 많다. 베트남 통계의 경우는 더욱 그러하므로, 베트남의 인구를 이해하려면 UN의 통계를 활용하기보다는 베트남 정부가 직접 수집, 가공해서 내놓은 통계를 활용하는 것이 정확하다. 당연히 베트남 정부도 정책을 마련할 때 UN의 통계가 아니라 베트남 통계국을 비롯한 정부조직이 만들어낸 통계를 사용하니, 그들의 정책방향을 이해하기 위해서도 베트남의 통계로 파악하는 것이 좋다. 그럼에도 UN의 통계를 활용하는 것은, 베트남 통계에 대한 접근성이 아직은 높지 않기 때문일 것이다. 물론 이 책에서는 베트남 정부가 직접 생산한 통계를 제시할 예정이다.

〈도표 1〉은 베트남 전체 인구와 증가율이 과거에서부터 지금까지 어떻게 변화해왔는지 보여준다. 베트남은 10년 주기로 끝자리 9인 해에 인구센서스를 실시한다. 2000년대 이후에는 4로 끝나는 해에 간이 센서스를 실시해 이를 바탕으로 매년 인구를 재추정하고 있다. 바로 앞에서 언급한 대로 가장 최근 발표된 베트남의 인구통계는 2019년 4월 1일자로 약 9600만 명이다. 우리나라 인구보다 약 4500만 명이 큰 규모다. 앞으로 인구증가 추세가 지금보다는 둔화될 것이 분명하지만, 지금의 추세대로라면 한 해 동안 거의 100만 명에 가까운 사람들이 증가하여, 머지않아 1억 명의 인구가 베트남에 살게 될 것이다. 베트남 정부는

2025년경 인구가 1억 명이 넘어설 것으로 보고 있다.

이번에는 지역별 인구분포를 살펴보자. 아시다시피 베트남은 남북으로 매우 긴 지형이다. 그래서 남북 간 문화적 이질성이 크고, 생활방식에도 차이가 난다. 〈도표 2〉는 베트남의 경제지역 구분을 나타낸다. 한국에 소개된 자료는 대부분 베트남을 8개 권역으로 분류하는데, 베트남 관공서의 문서들에는 공식적으로 6개 경제지역으로 구분하고 있다. 이 책에서도 베트남 정부의 권역구분 기준을 따르고자 한다.

첫째, 베트남 북부의 '북중산간지역(Northern Midlands and Mountains)'이다.

둘째, 수도인 하노이를 중심으로 한 '홍하 삼각주지역(Red River Delta)'이 있다.

셋째, 긴 해안선을 끼고 있는 '북부 및 남중부 해안지역(North and South Central Coast)'이 있다. 응에안(NghêAn), 탱화, 다낭 등 주요 성(province)들이 포진해 있다.

넷째, 달랏이 포함된 '중앙산간지역(Central Highlands)'으로 산간지형이며 인구도 가장 적다.

다섯째, '동남지역(Southeast)'으로 베트남의 경제중심지인 호치민 시가 여기에 있다.

마지막 여섯째는 '메콩강 삼각주지역(Mekong River Delta)'이다. 호치민 시의 경제권이 이곳에도 적용돼 인구밀도가 높다.

북중산간지역
(Northern Midland and Mountains)

홍하 삼각주지역
(Red River Delta)

북부 및 남중부 해안지역
(North and South Central Coast)

중앙산간지역
(Central Highlands)

메콩강 삼각주지역
(Mekong River Delta)

동남지역
(Southeast)

[도표 2. 베트남의 경제지역 구분]

이 지역구분은 단순한 경제구역 이상의 의미를 지닌다. 베트남은 호적제도를 바탕으로 인구이동을 제한하고 있어서 인구이동이 우리나라처럼 자유롭지 않기 때문이다. 호적을 옮기면 될 것 아니냐고? 물론 그렇지만 말처럼 간단한 문제가 아니다. 호적이 있는 지역에서만 다양한 사회보장을 받을 수 있기 때문에 그 밖의 지역으로 나가지 못하는 것이다. 즉 호적제도 자체가 인구이동을 억제하는 제도로 작용하는 셈이다. 물론 그럼에도 청년세대는 청운의 꿈을 안고 이주를 감행하는데, 그렇더라도 아예 다른 경제지역으로 가기보다는 원적이 포함된 경제지역 내에서 이동하는 경우가 많다. 이 때문에 베트남의 경제지역 구분은 인구 및 경제를 이해하는 데 매우 중요한 요소가 된다.

〈도표 3〉을 보면 각 사회경제적 지역별로 인구가 얼마나 되며 어떻게 변화하고 있는지 알 수 있다. 현재 가장 많은 인구가 살고 있는 곳은 수도 하노이가 포함된 홍하 삼각주지역이다. 그다음으로 인구가 많은 곳은 수치로만 보면 북부 및 남중부 해안지역이지만, 이 지역은 워낙 긴 해안을 끼고 있어서 인구밀도는 높지 않다. 실제로 인구가 많은 곳은 메콩강 삼각주 일대이고, 그보다도 바로 위에 있는 동남지역의 호치민 시 주변의 인구밀도가 더 높다.

또 하나 특징은 중앙의 산간지역을 제외하고는 인구가 5개 지역에 비교적 골고루 분포해 있다는 점이다. 우리나라의 도시집

[도표 3. 베트남의 사회경제적 지역별 인구 및 인구증가율]

사회경제적 지역	인구(명)		연평균 인구증가율(%)
	2014년 4월 1일	2019년 4월 1일	
전체	90,493,352	96,208,984	1.26
북중산간지역	11,633,548	12,532,866	1.55
홍하 삼각주지역	20,649,605	22,543,607	1.83
북부 및 남중부 해안지역	19,482,435	20,187,293	0.72
중앙산간지역	5,504,560	5,842,681	1.23
동남지역	15,721,352	17,828,907	2.68
메콩강 삼각주지역	17,501,852	17,273,630	-0.26

중 및 농촌 공동화 현상을 떠올리면 부러워지는 부분이다. 베트남 정부는 각 지역의 인구 균형이 앞으로도 유지되기를 희망하며 정책을 펼치고 있다.

그렇지만 발전하는 시기에는 도시집중 현상을 피할 수 없다. 베트남 정부가 아무리 애를 써도 머지않은 미래에 하노이와 호치민 시를 비롯해 많은 인구가 도시로 이동할 것이 분명하며, 특히 젊은 인구의 이동이 두드러질 것이다. 〈도표 3〉에서 확인할 수 있듯이 동남지역의 인구성장률이 이미 눈에 띈다. 뒤에서 다시 다루겠지만 이 지역의 출산율은 1.5 수준으로 베트남에서도 매우 낮은 편이다. 그런데도 인구증가율이 높다는 것은 무슨 뜻이겠는가. 주변 지역으로부터 많은 인구를 빨아들이고 있다는 것이다.

　이상은 베트남 인구현황에 대해 개괄적으로 살펴본 내용이다. 이러한 기본정보를 바탕으로 이제는 베트남의 미래를 정해줄 인구현상을 세부적으로 살펴보자.

베트남 인구국의 고민, '한국처럼 되지 않게 해달라'

내가 베트남과 본격적으로 인연을 맺게 된 것은 2015년 연구년을 베트남에서 보내면서였다. 앞서 말했듯이 그때만 해도 전문가나 학자 가운데 베트남의 미래 발전 전망을 말해주는 사람이 많지 않았다. 마침 내 공부가 인구변동을 가지고 미래사회를 보는 것 아닌가. 또 마침 나는 그 전에 베트남 인구국에 자문하면서 만들어놓은 정부 관료들과의 네트워크도 있었다. 지금은 베트남을 연구하는 학자들도 많고 현지와의 네트워크도 많이 쌓고 있지만, 그때만 해도 그런 학자들이 많지 않았다. 안 그래도 기회의 땅이라고 하는데 남들이 갖지 못한 지식과 네트워크가 있으니 이참에 한번 개척해보자는 생각이 들었다.

마침내 베트남에 가기로 마음먹고는 베트남 인구국 국장에게 메일을 보냈다.

"국장님, 제가 베트남의 미래에 대해 공부하고 싶은데 연구할 수 있는 학교를 하나 소개해주세요."

며칠 후 답장이 왔는데, 나쁜 소식과 좋은 소식이 동시에 있었다. 일단 나쁜 소식, 베트남은 아직 대학이 큰 힘이 없고 관련 자료도 별반 없다는 것이다. 그러니 추천할 만한 학교가 없다고 했다. 이번엔 좋은 소식, 학교보다는 공산당으로 가든지 정부 쪽에 와서 연구활동을 하는 게 나을 거라고 말해주었다. 기왕이면 자기네 인구국에 와주면 좋겠다는 제안과 함께.

베트남은 사회주의 국가이니 정부나 당의 힘이 우리 생각보다 훨씬 막강하다. 그의 제안을 물리칠 이유가 없었다. 그래서 고마운 마음으로 베트남 정부의 인구국으로 갔다. 베트남 인구국은 보건부 산하기관으로, 독립된 부처가 아닌데도 17층짜리 건물을 통째로 쓴다. 그만큼 파워가 있다는 뜻일까. 내 사무실도 그 건물에 있었는데, 서울대의 내 연구실보다 족히 3배는 넓어 보였다. 별도의 탕비실도 있고, 침대도 있고, 화장실에 욕실까지 딸린 방이었다. 알고 보니 예전에 보건부 차관이 인구국을 방문할 때 머물던 방이라는 것이다. 아니 내게 왜 이런 대접을….

지나친 환대가 당황스러워서 이렇게 큰 방은 필요 없다고 사양했더니 의미심장한 대답이 돌아왔다.

"당신에게 기대하는 바가 너무 많다. 우리는 당신을 실컷 이용할(use) 것이다."

대답을 들으니 더 부담스러웠다. 나를 어떻게 이용할 거냐 물으니 인구국 국장은 "당신에게 부탁하고 싶은 건 딱 하나다. 그것만 해다오"라고 했다.

"베트남 인구가 대한민국처럼만 되지 않게 해달라."

이것이 내게 한 주문이었다.

이때 나름의 기여를 한 인연으로 이후에도 베트남 정부의 인구정책 자문을 계속했고, 2019년에 내 연구실이 소속된 서울대학교 보건대학원과 MOU를 맺어 정책자문을 이어오고 있다.

국토개발이 아니라 인구발전이다

MOU를 통해 베트남 정부가 우리 연구실에 요청한 것은 국가적으로 매우 중요한 사안이었다. 베트남에 1년에 몇 명이 태어나는지 혹시 아는가? 그보다 먼저, 우리나라에는 몇 명 태어나고 있는지 아는가? 우리나라는 2018년에 32만 명이 태어났다. 그렇다면 베트남은?

최근 베트남에서 태어나는 인구는 매년 약 150만 명이다. 우리나라가 가장 많이 태어났을 때가 100만 명 정도였다. '58년 개띠'에서부터 1974년에 이르는 1, 2차 베이비붐 세대다. 그런데 베트남은 지난 20년 동안 해마다 130만 명 이상 태어나고 있다.

우리나라에서 최고로 많이 태어났을 때보다 더 많이 태어나고 그것도 20년 이상 그래왔다니, 아무리 땅이 넓다지만 너무 많이 태어나는 것 아닌가? 이렇게 느낄 분들도 있을 것이다. 과거 우리나라처럼 가족계획이 필요하다고 말이다. 실제로 내가 베트남에 갈 때만 해도 가족계획이 시행되고 있었다. 인구국의 정식 명칭도 '인구및가족계획국'이었다.

그러나 내가 베트남 정부에 가장 먼저 한 자문은 '베트남에는 더 이상 가족계획이 필요 없다'는 것이었다. 오히려 나는 이 출생인구가 절대로 140만 명 아래로 떨어지지 않도록 하는 목표를 제안했다. 마침 가족계획 지속여부를 고민하고 있었던 인구국은 2017년 12월 말일자로 '가족계획'을 폐기로 결정했고, 2019년 현재 명칭변경을 위한 행정절차가 진행되고 있다. 부서 이름에서만 뺀 게 아니라 가족계획을 더 이상 인구정책의 중심에 놓지 않겠다는 선언이었다.

인구국이 가족계획을 하지 않으면 무엇을 할까?

우리는 흔히 인구정책이라 하면 가족계획을 떠올린다. 그것 말고 어떤 인구정책이 있을지 말해보라면 다들 멈칫한다. 우리나라에서 시행된 인구정책이라곤 가족계획밖에 없었기 때문이다.

우리나라는 1996년까지 가족계획을 실시했다. 1983년에 이미 합계출산율이 2명으로 떨어졌는데도 안이하게 정책을 이어가다 1996년에 1.57명까지 떨어지고 나서야 중단한 것이다. 그다음에는 우리나라 정부가 인구와 관련해서 무엇을 했을까? 안타깝지만 아무것도 한 게 없었다. 가족계획을 하지 않더라도 인구는 계속 변동하기 때문에 정부의 누군가는 모니터링을 해야 하는데, 우리나라는 '인구'라는 글자가 들어가는 정부조직을 다 없앴다. 왜냐하면, 가족계획이 끝났으니까. 그 결과가 오늘날 우리가 직면한 인구문제다. 10년 가까이 손 놓고 있다가 출산율이 1.08까지 떨어지고 나서야 2005년에 '저출산·고령사회위원회'를 만들었다.

우리나라의 인구정책이 오로지 가족계획 하나뿐이었던 터라, 지금도 인구대책이라 하면 곧장 가족계획으로 프레임이 넘어가 버린다. 예전에는 아이를 낳지 말라고 하다가 이제는 반대로 많이 낳으라고 하니 국민들의 거부감도 크다. 국가가 왜 아이를 낳으라 말라 하며 개인의 삶에 개입하느냐는 것이다. 내가 있는 서울대 인구학 연구실에 접수되는 비판의견도 대부분 이런 프레임에서 나오는 것들이다.

이런 과오를 돌아볼 때 '베트남 인구가 대한민국처럼만 되지 않게 해달라'던 베트남 정부의 주문은 실로 의미심장하고도 타당한 것이었다. 베트남 정부가 수십 년째 두 아이 낳기 캠페인을 벌이면서 실제로 출생아가 줄어 2005년 이후 여성 한 명이 평균 2명의 자녀를 낳게 되었다. 그 후 10년 넘게 출산율 2.0 수준을 유지했는데, 그 와중에 호치민 시와 그 이남 지역 그리고 하노이 등 대도시는 출산율이 2.0 이하로 떨어지기 시작했다. 그에 따라 이제 가족계획을 그만둬야 하는지 고민하던 시점에 내가 개입한 것이다.

나는 베트남의 인구정책을 새로 제안했다. 가족계획이 끝난 다음에도 인구국의 역할은 분명히 있다. 전체적인 출산율이 떨어졌다고 하지만, 그렇지 않은 곳도 있지 않겠는가? 실제로 산간과 농어촌 등 저개발 지역의 출산율은 여전히 높은 편이다. 어느 지역은 출산율이 낮아서 문제이고 어느 지역은 높아서 문제라면 가족계획도 지역에 따라 차등적으로 시행해야 할 것이다. 물론 가족계획이 적용되는 지역이 줄어듦에 따라 인구국에서 가족계획 사업이 차지하는 비중 자체는 줄어들 것이다.

그 빈자리를 인구국은 다음의 두 가지 역할로 채우려고 모색 중이다. 하나는 발전(development)이고, 또 하나는 인구의 질(quality of population)을 높이는 것이다. 베트남이 발전하는 데 인구가 중요하다는 인식이 정부 전반에 공유되면서 이제는 '인구'와 '발전'과 '계획'을 함께 묶어서 사고하기 시작했다. 국가의 균형발전을 위해 인구가 어떻게 분포되어야 하고, 그들의 연령구조는 언제 어떻게 변화되는 것이 좋은지 미리 예측하고 기획하는 방향으로 인구정책의 축이 바뀌기 시작한 것이다.

그리고 지금까지 출산율이라는 양적인 측면을 강조했기 때문에 그와 대비하는 측면에서 '인구의 질'이라는 표현이 사용되었는데, 이처럼 전반적인 국민들의 삶의 질 향상을 추구하는 방향이 인구정책의 중심축이 될 것이다. 여기에는 영유아 및 모성 건강 그리고 고령인구의 건강증진과 관리를 위해 무엇을 언제 어떻게 해야 하는지 등과 관련된 정책이 포함되어 있다.

이 중에서도 국가발전을 단순히 국토개발 차원이 아니라 전체적인 인구를 염두에 두고 계획한다는 발상은 우리나라보다 한층 선진적인 사고방식으로, 우리나라 인구정책에 대한 반성에서 나온 제안이다. 인구가 발전과 같이 묶이게 되면 국토개발을 비롯한 전반적인 국가의 발전계획이 인구정책과 함께 펼쳐질 것이다. 그러므로 베트남의 미래를 볼 때에는 반드시 인구정책의 방향과 실행을 면밀히 살펴야 한다.

경제는 개발도상국, 인구는 북유럽 선진국

베트남의 인구정책이 얼마나 선진적인지 단적으로 보여주는 데이터는 바로 인구구조다. 베트남도 국가가 발전하면 우리처럼 출산율이 낮아질까? 아직 그런 걱정을 할 필요는 없어 보인다. 지금도 1년에 150만 명씩 태어나고 있으니 말이다. 더욱이 출산율도 현재로서는 매우 안정적으로 관리되고 있다.

〈도표 4〉를 보면 매우 흥미로운 점이 눈에 띈다. 베트남의 2001년 합계출산율은 2.25였는데, 그 후 점차 낮아져 2006년 2.09 수준에 이른 후 2011년을 제외하고는 거의 비슷하게 유지되고 있다는 것이다. 산술적으로는 남녀가 만나서 아이를 2명 출산할 때 부모와 자녀의 수가 같아지면서 인구가 똑같이 유지된다. 하지만 실제로는 자연적으로 남아의 사망률이 높아서 2.0

[도표 4. 베트남 합계출산율 추이]

(합계출산율)

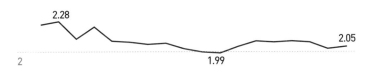

이 아니라 2.08이 인구를 유지할 수 있는 합계출산율인데, 대략 그 수준을 맞추고 있는 것이다. 인구대체 수준의 합계출산율이 10년이 넘게 지속되는 것은 개발도상국에서는 매우 보기 드문 현상이다.

물론 장기적으로는 출산율이 떨어질 가능성이 크다. 국가가 발전하고 인구가 많아질수록 경쟁이 심화되고, 경쟁에 내몰린 청년들은 아이 낳기를 꺼리게 된다. 1990년대부터 우리나라에서도 이런 현상이 나타나기 시작했고, 지금은 더욱더 아이 낳기를 꺼리고 있다. 베트남이라 해서 이 흐름을 피해가기는 어려울 것이다.

그러나 국가 차원에서 생각해보면 정말 중요한 것은 출산율 자체보다는 실제로 태어나는 출생아 규모다. 설령 출산율이 크게 떨어진다 해도 전체 출생아 수만 비슷하게 유지된다면 국가의 인구구조를 일정하게 유지하는 데에는 문제가 없다. 베트남 정부는 현재 가임기 여성의 규모가 크다는 점을 감안해 한 해 출생아가 140만 명 밑으로 떨어지지 않도록 관리하는 데 중점을 두고 있다. 그럼으로써 인구구조가 우리나라처럼 피라미드형에서 다이아몬드형으로 바뀌는 것을 막고, 안정적인 종형 구조로 만들려는 것이다.

잘 알려졌다시피 신생아에서 생산가능인구까지는 연령대별로 규모가 비슷하고 고령자로 갈수록 줄어드는 종형 인구구조가 국가의 지속 가능한 성장에 가장 유리하다. 특히 우리나라 수준으로 성장했을 때를 대비하려면 반드시 생산가능 연령대의 인구구조를 일자로 만들어두어야 한다. 현재 우리나라 국민연금이 안녕한가? 아무도 그렇다고 말하지 않는다. 안녕하지 않은 이유는, 머잖아 국민연금을 내줄 수 있는 사람이 급감할 것이기 때문이다. 애초에 국민연금이라는 제도는 인구구조가 종형이 됐을 때 유지될 수 있다. 그런데 우리나라 인구구조가 지금처럼 되리라는 걸 염두에 두지 않은 채 제도를 만든 탓에 문제가 되는 것이다. 현재의 우리를 반면교사 삼은 베트남 정부는 인구구조를 종형으로 만들고자 10년 넘게 노력하고 있다.

베트남은 인구구조를 뜻대로 조정하는 데 성공할까? 우리와 같은 오류에 빠지지 않고 안정적인 성장이 가능한 인구형태를 만들어낼 수 있을까? 어떻다고 장담할 수는 없다. 인구구조에 영향을 미치는 사회적 변수가 워낙 많기 때문이다. 그러나 적어도 지금까지는 성공한 것으로 보인다. 다음 페이지의 그림을 보자.

〈도표 5〉는 베트남 통계국이 작성한 2019년 4월 1일자 인구피라미드를 나타낸 것이다. 일반적으로 젊은 개발도상국의 인구피라미드 형태는 연령이 낮아질수록 인구가 더 많은 삼각형이다. 우리나라의 1980년대가 그랬듯이 말이다.

그런데 베트남은 합계출산율이 그랬듯이 인구피라미드를 보면 결코 개발도상국이라 하기 어렵다. 오히려 신생아가 급격히

[도표 5. 베트남 인구피라미드 (2019년)]

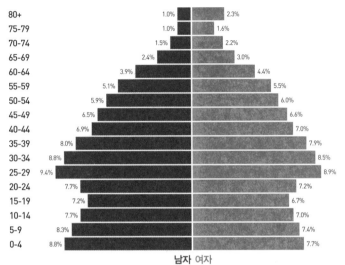

	남자	여자
80+	1.0%	2.3%
75-79	1.0%	1.6%
70-74	1.5%	2.2%
65-69	2.4%	3.0%
60-64	3.9%	4.4%
55-59	5.1%	5.5%
50-54	5.9%	6.0%
45-49	6.5%	6.6%
40-44	6.9%	7.0%
35-39	8.0%	7.9%
30-34	8.8%	8.5%
25-29	9.4%	8.9%
20-24	7.7%	7.2%
15-19	7.2%	6.7%
10-14	7.7%	7.0%
5-9	8.3%	7.4%
0-4	8.8%	7.7%

[도표 6. 베트남 인구피라미드 (2049년 추계)]

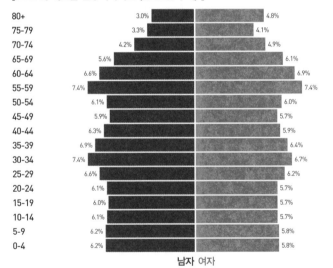

	남자	여자
80+	3.0%	4.8%
75-79	3.3%	4.1%
70-74	4.2%	4.9%
65-69	5.6%	6.1%
60-64	6.6%	6.9%
55-59	7.4%	7.4%
50-54	6.1%	6.0%
45-49	5.9%	5.7%
40-44	6.3%	5.9%
35-39	6.9%	6.4%
30-34	7.4%	6.7%
25-29	6.6%	6.2%
20-24	6.1%	5.7%
15-19	6.0%	5.7%
10-14	6.1%	5.7%
5-9	6.2%	5.8%
0-4	6.2%	5.8%

늘어나지 않고 평균수명도 길어지는 종형 구조는 북유럽 선진국에서 주로 볼 수 있는 인구구조다. 특히 최근 20년간 해마다 태어나는 신생아 규모가 일정하게 유지되면서 0~50세 구간은 인구수의 변화가 크지 않은 인구구조를 보이고 있다. 그 결과 2049년에는 거의 모든 연령대의 인구가 동일한 크기를 지니게 될 것으로 예측된다.

우리나라는 이러한 연령구조를 한 번도 경험해본 적이 없다. 베이비부머들이 태어날 때만 해도 피라미드형이었다가 지금은 출생아 수가 급격히 줄어드는 다이아몬드형이라 미래를 걱정해야 하는 지경이다. 저출산세대가 사회에 본격적으로 진출하는 2025년경부터 한국은 노동인구 감소를 실감하게 될 것이다.

반면 베트남은 어떤가. 생산가능인구라 하는 15~64세 인구가 전체 인구에서 차지하는 비중이 1989년 56%에서 2015년 68%까지 증가했고, 앞으로도 매년 130만 명 이상의 생산인구가 일정하게 사회에 진입할 것이다. 설령 2020년부터 출생아가 급감한다 하더라도 이미 태어난 2019년생 이전 인구는 각 연령에 130만 명 이상을 유지하고 있으니 앞으로 20년간은 생산가능인구에서 지금의 일자형 연령구조가 유지되리라는 추측이 가능하다. (〈도표 6〉 참조)

이는 우리나라와 같은 급속한 저출산이나 고령화가 베트남에서는 일어나지 않을 것이며, 매우 안정적으로 인구가 유지될 것임을 시사한다. 인구구조로만 본다면 우리 사회가 염원하는 북유럽식 복지국가 모델은 우리나라보다는 베트남이 실현 가능성도, 지속 가능성도 더 크다.

이처럼 생산인구가 늘어남에 따라 베트남 사회에서는 인구보너스(Population Bonus) 혹은 인구배당(Population Dividend)을 기대할 수 있게 되었다. 경제발전 수준이 낮을 때에는 어린 연령대의 인구가 많으면 경제성장에 도움이 되지 않지만, 가족계획을 통해 출생아 수가 줄어들고 성인 인구가 많아지면 경제발전에 크게 기여해 사회 전체에 '배당'으로 돌아온다는 인구학 이론이다.

물론 보너스와 배당은 다른 개념이다. 보너스는 말 그대로 무언가 하지 않아도 자동으로 받지만 배당은 투자의 결과다. 일하고 소비하는 연령대의 인구가 많을 때 경제도 반드시 성장한다면 인구보너스라는 표현이 더 맞다. 하지만 그런 경우는 거의 없다. 이 연령대의 인구가 많으면서 동시에 그들의 건강과 교육수준이 높아야 경제성장 가능성이 크게 높아진다. 청년 연령대의 교육과 건강은 그들이 영유아 및 청소년이었을 때 국가와 사회가 투자한 결과다. 인구배당은 이런 것이다. 반대로 생산가능인구는 적어지고 고령인구는 많아져서 경제성장이 지체되는 것은 '인구오너스(Demographic Onus)'라고 한다.

연도	인구(천 명)
2014	90,493
2019	96,209
2024	99,305
2029	102,321
2034	104,770
2039	106,513
2049	108,464

〈도표 7〉은 베트남 통계국과 UN인구기금이 함께 2015년에 발표한 베트남의 장래인구추계다(2014년과 2019년은 실측치다). 이에 따르면 2014년 약 9000만이던 인구는 지속적으로 증가해 10년 뒤인 2024년 9900만에 달하고, 그 후 1억을 넘길 것으로 예상된다. 2049년에는 1억 800만 명이 넘는 인구가 베트남에 살고 있을 것으로 전망된다.

베트남 사회가 발전함에 따라 인구고령화도 진전돼 2014년에 약 7%였던 65세 이상 고령자 인구가 2049년이 되면 약 18%에 달할 것이다. 반면 15세 미만 인구는 지속적으로 감소할 테지만, 생산가능인구(15~64세)가 차지하는 비중은 69%에서 64%로 소폭 감소해 그리 큰 변화는 없을 것이다.

전체 인구는 늘어나는데 생산가능인구의 비율이 많이 줄지 않는다는 것은, 앞으로 베트남의 생산가능인구 규모가 계속 커진다는 뜻이다. 베트남 통계국의 자료에 따르면 평균연령도 2019년 31.8세에서 2049년에는 약 40.5세로 높아질 것으로 보이지만, 현재 우리나라 평균연령이 42.2세임을 감안하면 여전히 젊은 인구를 유지할 것으로 예상된다. 뒤에서 더 이야기하겠지만 현재 베트남 정부는 물론이고 일반 가정에서 자녀들의 교육에 투자하고 있는 자원을 생각하면 베트남이 앞으로 20~30년간 인구배당을 받을 가능성은 매우 크다.

인구오너스를 걱정하는 우리로서는 인구배당을 기대하는 베트남이 부럽기도 하다. 그러나 손 놓고 부러워하기만 할 수는 없다. 베트남의 밝은 미래가 더 밝아지도록 우리의 역량을 투자해 미래에 돌아올 그들의 인구배당을 나눠 가질 생각을 해보자. 그러려면 앞으로 베트남 사회가 어떻게 변화할지, 어떤 변수를 고려해야 할지 미리 파악해야 한다. 우선 인구학적 관점에서 가장 큰 변수 중 하나는 생산가능인구인데, 지금까지 살펴보았듯이 베트남 정부의 노력으로 15년간 일정한 규모의 출생인구를 유지하는 데 성공했다. 우리나라가 겪고 있는 출생인구 급변이라는 변수 하나를 성공적으로 제거한 것이다.

이렇게 되면 인구가 급격히 변화하지 않기 때문에 인구는 더 이상 사회 및 경제의 변화를 가져오는 '변수'로 작용하지 않게 된다. 즉 인구는 변수가 아니라 상수(常數)가 되어, 사회를 안정적으로 유지시키는 기본적인 조건으로 작동하게 된다. 이 조건을 기반으로 앞으로 어떤 인구학적 변수가 있을지, 반드시 파악해야 할 베트남의 인구현상에 대해 하나씩 살펴보자.

베트남의 미래를 결정할 인구현상 6

혼인연령 : '어쩌다 부모'들의 소비성향

어느 사회를 관찰하든 가장 먼저 기본이 되는 사회단위를 확인해볼 필요가 있다. 그 사회가 현재 어떠한 상황인지를 가늠할 수 있기 때문이다. 사회단위를 알아보는 유용한 지표가 바로 '혼인'이다. 성인 가운데 결혼 상태를 유지하는 사람들의 비율이 매우 높다면 이는 그 사회가 전반적으로 결혼을 인생의 가장 중요한 관문으로 여기고, 나아가 가족단위의 삶을 산다는 뜻이다. 반대로 혼자 살거나, 결혼하지 않고 동거하는 사람들의 비중이 높다면 그 사회의 기본단위는 가족이 아님을 짐작할 수 있다. 아시다시피 우리나라가 바로 이렇게 변화하는 중이다.

과거에는 우리나라의 기본단위도 가족이었다. 지금의 40~50대 중 상당수는 어른이 됐으니 결혼을 했고, 결혼했으니 응당 부모가 된 사람들이다. 이들은 나이가 차면 당연히 결혼해야 한다는 가치관 아래 성장했기에 정해진 수순대로 결혼하고 아이를 낳았다. 이 과정에 개인의 의지나 결단이 개입할 여지는 없다. 결혼을 해야 비로소 어른이 된다는 표현대로 생각해보면, 말 그대로 '어쩌다 어른'이요, 아이 두셋을 둔 '어쩌다 부모'다.

그런데 요즘 갓 부모가 된 20~30대는 어떤가? 이들이 낳은 아이는 2018년 한 해 32만 명이다. 100만 명을 낳던 부모 세대에 비해 터무니없이 적다. 1~2명의 자녀만 낳는 이들은 3~4명씩 낳던 부모 세대에 비해 한층 '준비된 부모'일 게 분명하다. 아이를 낳을지 말지 출산 자체를 심사숙고해서 결정하고, 낳기로 했으면 언제까지 집을 넓히고 언제쯤 몇 명을 낳을지 착실히 계획한다. 아이를 키우는 것과 병행해 자신들의 커리어를 어떻게 다져나갈지, 노후를 어떻게 보낼지도 막연하게나마 꿈꾸어본다. 결혼 또한 신중한 판단의 결과였음은 물론이다. 그렇다, 이들은 단지 '준비된 부모'일 뿐 아니라 자기 인생의 큰 그림 안에서 부모의 역할을 고민하는 '준비된 어른'인 것이다.

반면 베트남은 어떤가 하면, 지금도 '어쩌다 부모'이고 앞으로도 꽤 오랫동안 그럴 것으로 보인다. 〈도표 8〉은 2015년 기준 베

[도표 8. 베트남 15세 이상 인구의 도시/농촌별, 사회경제적 지역별 혼인 상태 (2017년)]

지역 구분	혼인 여부(%)					
	합계	비혼	혼인 유지	사별	이혼	별거
전체	100.0	22.1	68.4	7.0	1.9	0.5
도시	100.0	25.1	65.4	6.5	2.4	0.5
농촌	100.0	20.5	70.1	7.3	1.6	0.5
북중산간지역	100.0	16.4	74.7	7.0	1.5	0.4
홍하 삼각주지역 (하노이 및 주변)	100.0	19.0	71.5	7.7	1.4	0.4
북부 및 남중부 해안지역	100.0	22.8	67.7	7.8	1.3	0.4
중앙산간지역	100.0	24.0	68.3	5.8	1.4	0.4
동남지역 (호치민 시 및 주변)	100.0	29.1	61.7	5.8	2.9	0.6
메콩강 삼각주지역	100.0	21.6	68.0	7.0	2.8	0.6

트남 15세 이상 인구의 전반적인 혼인 상태를 나타낸다. 전국적으로 약 22%의 인구가 결혼을 한 번도 하지 않았고, 결혼 상태를 유지하고 있는 사람들은 약 68%임을 알 수 있다. 지역적으로 보면 북쪽의 혼인인구 비중이 남쪽보다 높은데, 특히 중국과 국경을 맞대고 있는 북중산간지역은 74%인 반면 호치민 시가 포함된 동남지역은 62%밖에 안 돼 12%p나 차이가 난다.

　우리나라 출산율 저하의 한 요인은 만혼(晩婚)이다. 늦게 결혼

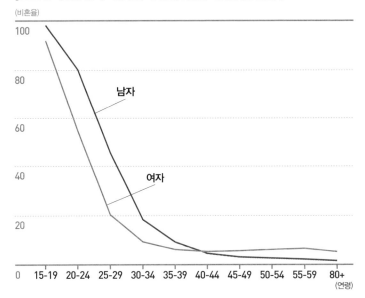

할수록 아이를 낳을 확률이 낮아지고, 여러 명을 낳을 확률은 더 낮아진다. 그렇다면 베트남의 초혼연령은 어떤지 살펴보자. 〈도표 9〉는 2017년 기준, 연령별로 한 번도 결혼하지 않은 비혼인 구의 비율을 보여준다. 25~29세 구간에서 뚝 떨어지는 커브에 서 알 수 있듯이, 베트남은 여전히 결혼적령기가 있는 사회다. 25~29세 남자의 46.8%, 여자의 21.1%가 비혼인데, 2015년 같 은 연령대에 남자는 90%가, 여자는 76%가 비혼 상태였던 우리 나라와 무척 대조적이다. 우리나라가 급격히 비혼 사회로 변화 되는 것과 달리 아직까지 베트남은 누구나 결혼은 해야 하고 그

연도	전체	남성	여성	남녀 간 차이
1989	23.8	24.4	23.2	1.2
1999	24.1	25.4	22.8	2.6
2009	24.5	26.2	22.8	3.4
2014	24.9	26.8	22.9	3.9
2017	25.3	27.4	23.1	4.3

시기도 훨씬 이르다는 뜻이다. 베트남 시장을 읽는 데 이 사실은 매우 중요하다.

좀 더 구체적으로 살펴보자. 〈도표 10〉은 베트남 초혼연령이 그동안 어떻게 변화해 왔는지 보여준다. 1989년에는 남자는 24.4세, 여자는 23.2세에 결혼을 했다. 이후 남자는 처음 결혼하는 평균연령이 계속 높아져 2017년에는 27.4세가 되었다. 그럼에도 우리나라보다는 훨씬 일찍 결혼하는 셈이다. 더 놀라운 것은 여성이다. 베트남 여성들의 초혼연령은 1999년에 22.8세로 외려 더 낮아져서 지금껏 그리 높아지지 않고 있다. 우리나라 여성들의 초혼연령이 2016년을 기점으로 30세를 넘어선 것과 비교해보면 얼마나 젊은 나이에 결혼하는지 실감이 된다.

학력이 낮은 여성의 초혼연령은 여기에서 더 낮아진다. 2017년 기준 고등학교를 나온 여성의 초혼연령은 23.9세인 데 반해 무학인 여성은 19.9세, 초등교육만 받은 여성은 20.8세로 매우 낮게 나타났다. 일반적으로 교육수준이 낮을수록 혼인연령이 낮은데, 이유는 쉽게 짐작할 것이다. 교육을 많이 받을수록 그만큼의 시간이 더 필요하고, 사회활동을 할 기회가 많아져 일찍 결혼할 필요성을 덜 느끼기 때문이다. 특히 여성의 경우 더욱 그러하다. 〈도표 11〉에서 대졸자의 초혼연령은 통계에 잡히지 않았지만, 고등학교 졸업자보다 더 높으리라는 것은 미루어 짐작 가능하다.

통계에서 확인했듯이 베트남은 지금도 어른이 되면 당연한 듯 결혼하는 사회다. (그래서 역설적으로 이혼율이 높다. 일찍 결혼하고 많이 이혼한다. 물론 재혼도 많다.) 결혼을 일찍 하고, 그만큼 초산시기도 우리나라보다 훨씬 이르다. 이 사실은 베트남 시장을 이해하

[도표 11. 성별/학력별 초혼연령 (2017년)]

최종학력	초혼연령			남녀 간 차이
	전체	남성	여성	
전체	25.3	27.4	23.1	4.3
무학	23.4	26.2	19.9	6.3
초등학교	23.9	26.5	20.8	5.7
중학교	24.4	26.7	21.7	5.0
고등학교	26.1	28.0	23.9	4.1

면서 반드시 숙지해야 하는 중요한 포인트다. 부모가 된다 하더라도 마음가짐에 따라 소비성향이 달라지기 때문이다. 지금 우리 사회의 30대 중반과 과거의 30대 중반의 모습을 비교해보면 단박에 알 수 있다. 지금 30대 중반에 싱글로 사는 사람이 소비하는 패턴은 과거 30대 중반의 소비성향과는 전혀 다르다. 과거의 30대 중반은 철저히 부모로서의 소비를 했다. 반면 지금의 우리나라 30대들은 부모 입장에서 소비하는 것 못지않게 자신을 위한 소비를 한다. 그러나 베트남은 결혼이 당연시되는 사회이니 아이를 낳는 것도 당연시되고, 전체적인 소비 패턴이 가족 위주로 흘러가게 된다.

부모형 소비라는 게 구체적으로 어떤 것일까? 자동차를 예로 들어보자. 과거 현대자동차가 어떻게 성장했는가? '58년 개띠'의 인생역정과 정확히 궤를 같이했다. 58년 개띠들이 젊었을 때 처음 자가용이란 걸 구매했는데, 그들의 첫 '마이카'는 엑셀이었다. 그다음에는 엘란트라, 쏘나타를 타다가 그랜저를 거쳐 제네시스를 마지막 차로 선택했다. 우리나라 자동차 시장이 바로 이렇게 대형화 수순을 밟아오지 않았나. 소비자들이 왜 점점 더 큰 차를 원했냐면, 가계수익도 점차 늘었을뿐더러 자녀들도 하루가 다르게 성장하기 때문이었다. 그러나 지금은 1~2인가구가 대세이기에 굳이 큰 차가 필요하지 않다. 같은 값이면 수입차를 사거나, 아예 차를 소유하지 않는 이들도 많다. 자녀가 한 명인

가정도 대형차까지는 필요가 없다.

'어쩌다 부모'인 베트남 부모들의 소비패턴은 오늘날의 우리보다는 과거의 한국사회와 유사할 것이다. 젊은 나이에 결혼해서 자녀 둘을 낳고, 과거 우리나라 부모들의 패턴대로 소비하게 될 것이다. 베트남의 미래 소비상은 이처럼 '어쩌다 부모'들에 의해 결정될 것이다. 그러니 베트남에 진출할 때에는 '어쩌다 부모'의 소비성향에 주목해야 한다.

단, 이들이 언제까지나 '어쩌다 부모'에 머물지는 않을 것이다. 우리나라가 그랬던 것처럼 베트남 사회도 해가 갈수록 가계 유지에 드는 비용이 증가하고 있다. 그에 따라 결혼을 위해 갖추어야 할 경제적 조건이 늘어나면서 결혼도 조금씩 늦게 하는 추세다. 특히 남성이 그래서 1980년대보다 초혼연령이 3세가량 높아졌다. 설령 몇 년 결혼을 늦추는 한이 있어도, 이들 또한 점차 '준비된 부모'로 바뀌어가고 있는 것이다. 특히 하노이와 호치민 시 등 대도시일수록 준비된 부모를 선택할 사람의 수는 계속 늘어날 것으로 보인다.

성별구조 : 건재한 남아선호사상, 그러나 여성은 힘이 세다

두 번째로 주목할 요소는 베트남의 '여성'들이다.

우리나라 여성의 사회적 위상은 꾸준히 개선돼왔고, 최근 사회적으로 성평등 여론이 확산되는 만큼 더 나아질 것이라 기대된다. 학력이나 취업 면에서도 남성과 대등한 수준에 올라선 지 오래다. 물론 고용형태나 임금격차 등의 불평등 요인은 앞으로 해결해야 할 과제이지만 말이다.

그렇다면 베트남 여성의 사회적 지위는 어떨 것 같은가? 객관적 지표나 통계는 생각하지 말고 마음속에 떠오르는 첫 느낌을 말해보자. 유교문화가 살아 있는 사회이고 경제발전도 이제 시작 단계이니 우리나라보다 여성의 사회적 지위가 낮을 거라 생각하는 분들이 많을 듯하다. 앞에서 남성들의 혼인연령이 높아진 반면 여성은 여전히 일찍 결혼한다고 했으니 사회생활도 많이 하지 않을 것 같다.

그러나 실제로는 전혀 그렇지 않다. 남성과 비교한 여성의 상대적 지위는 우리나라보다 베트남이 더 높다. 물론 연령에 따라 조금씩 차이는 있겠지만 젊은 여성들을 비교해도 다르지 않다. 아무래도 사회주의 국가이다 보니 확실히 여성의 사회참여가 활발하다. 앞으로는 더욱 그럴 것이어서, 미래에는 부지런하고 강인한 여성들이 베트남을 움직일 것이다. 나의 주관적 주장이 아니라, 통계가 그렇게 말하고 있다.

2018년 베트남 통계국에서 만든 국가통계 자료를 보자. (〈도표 12〉 참조) 베트남 공무원이 언제 은퇴하느냐면, 여성은 55세이

고 남성은 60세. 남성과 여성 간의 차별이 베트남 사회에도 없
지 않다는 것을 알 수 있다. 그런데 15세 이상 전체 연령대의 경
제활동 참여율을 보면 여성이 72%, 남성이 82%다. 2019년 우리
나라는 남성이 약 74%인 반면 여성은 약 54%다. 베트남 여성의
경제활동 참여율이 한국 여성보다 훨씬 높다는 의미다. 아울러
〈도표 12〉에서 한 가지 사실이 더 드러나는데, 베트남 남성과 여
성의 경제활동 참여율 차이도 우리나라의 그것보다 훨씬 작다는

[도표 12. 한국 및 베트남의 성별, 연령별 경제활동 참여율 (2018년 2분기)]

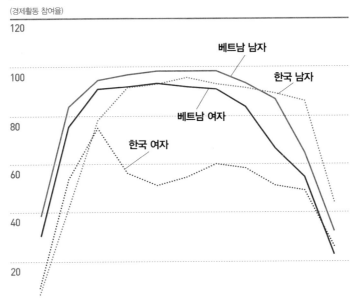

(경제활동 참여율)

것이다.

노동참여율의 차이는 고용률의 차이로 이어진다. 고용률이란 15세 이상 인구 중 사용자에게 고용된 취업자 비율을 가리킨다. 2018년 베트남의 고용률은 여성 70%이고 남성 81%인 반면 2019년 우리나라의 남성 고용률은 약 71%, 여성의 고용률은 52% 수준이다.

한국 여성에 비해 베트남 여성들이 노동참여를 더욱더 활발히 하고 있다는 것을 강조했지만, 사실 베트남 여성의 노동참여율은 세계 1위 수준이다. 일례로 국제연구기관인 '글로벌 기업가 정신 모니터(GEM, Global Entrepreneurship Monitor)'가 세계 54개 나라에서 신생기업 창업자 성별을 조사했는데 베트남의 남녀 비율이 1대 1.14로 여성 비율이 가장 높은 것으로 나타났다.[3]

여성의 노동참여와 함께 항상 등장하는 이슈가 있다. 가사노동은 어떻게 처리할까? 우리나라의 가사노동 분배는 맞벌이 가정이라 해도 남성이 15%를 넘지 않는다. 그런데 베트남은 계층마다 차이는 있을지언정 대부분 남성들도 가사일을 함께한다. 연구년에 베트남 공무원들과 함께 일해보니 한국 공무원들과 같은 점도, 다른 점도 있어서 비교하는 재미가 쏠쏠했다. 기본적으로 공무원은 한국이나 베트남이나 크게 다를 바 없었다. 공무원 세계에 자본주의인지 사회주의인지는 크게 중요하지 않은 듯했다. 그 와중에 눈에 띄는 차이점은 베트남 공무원들은 퇴근을 꽤 일찍 한다는 것이었다. 남녀 할 것 없이 오후 4시 30분에서 5시 정도에 퇴근하는데, 많은 남성들이 집에 가는 길에 보육시설에서 아이들을 데리고 간다. 우리나라에서는 여전히 낯선 광경이다. 그만큼 가사노동에 베트남 남성들의 참여도가 높다는 뜻으로 풀이된다.

노동참여율 말고도 매우 중요하고도 놀라운 통계가 하나 더 있다. 베트남 여성들의 소득이 남성들 못지않다는 것이다. 이를 간접적으로 확인할 수 있는 통계가 있다. 2016년의 평균 월소득에 관한 베트남 경제센서스통계를 보면 여성이 가구주인 가정은 350만 동을 벌고 남성이 가구주인 가정은 310만 동을 버는 것으로 나타났다. 물론 이 소득은 전국 평균이며, 우리가 베트남이라 하면 주로 떠올리는 하노이와 호치민 시도 이렇다는 것은 아니다. 하지만 앞서 언급한 바와 같이 하노이와 호치민 시에만 인구가 집중되지 않았기 때문에 전체 국가의 평균적인 수준은 의미가 크다. 이런 점에서도 앞으로 베트남의 발전에는 여성이 매우 중요한 역할을 할 것으로 예상된다.

이러한 예상을 가능케 하는 인식변화도 조금씩 보이고 있다. 이를테면 '남아선호사상' 같은 것 말이다. 과거 우리나라는 남아선호사상이 매우 강했다. 과거 우리 사회와 비슷한 베트남은 어떨까? 우리처럼 남아선호사상이 강할까, 아니면 여성이 일도 많이 하고 돈도 많이 버니 딸을 더 좋아할까?

적어도 지금까지는 과거 우리나라 못지않게 남아선호사상이 팽배한 나라가 베트남이다. 아들을 너무너무 좋아한다. 어느 정도로 아들을 좋아하느냐면, 오늘날 베트남에서는 딸이 100명 태어날 때 아들은 117명이 태어난다. 이 말이 무슨 뜻인지 눈치 챘을 것이다. 과거 1990년대 초반 우리나라에서는 딸 100명이 태어날 때 아들은 116명 태어났다.

남아선호사상이 극에 달해 태아 성감별이 횡행할 정도였던 우리 사회는, 불과 20년 만에 전혀 딴판으로 바뀌었다. 지금은 어떤가, 다들 딸이 있으면 좋겠다고 한다. 이제는 태어나는 아이들의 성비가 완전히 정상으로 돌아와 딸이 100명 태어날 때 아들은 104명 태어난다. 정상 성비다. 첫째아이든 둘째든 셋째든 성비의 변화가 없다. 성별에 따른 낙태가 사실상 사라졌다는 뜻이다. 또 우리 사회가 얼마만큼 딸을 좋아하느냐면, 여아용 장난감이 남아용 장난감보다 훨씬 많이 팔린다. 2017년 5월 5일에 어린이용 완구가 팔린 통계를 보면, 남아용 완구가 1만 원어치 팔릴 때 여아용 완구는 14만 원어치 팔렸다고 한다. 부모들이 딸을 14배 더 좋아한다는 뜻일까?

극단적으로 아들만 좋아하다가 갑자기 딸을 좋아하게 된 나라는 아직까지 전 세계에 우리나라밖에 없다. 과거에는 딸을 원치 않았으며, 원치 않는 딸이 태어나면 교육을 시키기보다는 '살림 밑천'이라 부르며 집안일을 시키거나 일찍 취업해 가계에 보탬

이 되게 했다. 그러나 이는 1960~70년대에 태어난 이들의 이야기다. 성비불균형이 극에 달했던 1990년대에도 일단 아이가 태어나면 딸이든 아들이든 차별 없이 키웠다. 아니, 딸이 태어나면 사회에 나가서 차별받지 말라고 오히려 아들보다 더 많은 투자를 하기도 했다. 그 결과가 지금 20대 여성들이 다양한 사회분야에서 보여주는 약진이다. 대학 진학률은 여성이 남성보다 높아진 지 오래고, 과거 10~20%에 불과하던 행정고시 여성 합격자 비율도 최근 40%를 넘어섰다.

베트남도 마찬가지다. 1990년대 한국처럼 똑같이 남아선호사상이 있지만, 태어난 딸을 차별하지는 않는다. 머잖아 베트남도 우리나라처럼 딸을 더 좋아하는 사회로 갈 가능성이 크지 않을까. 이미 경제적 기여도도 여성이 더 높으니 말이다.

가구구조 : 여전히 다인가구 중심 사회

또 하나 염두에 두어야 할 것은 베트남 사회의 가구원 수다.

우리나라 평균 가구원 수는 2.4명이다. 강의할 때 이 숫자를 말하면 기성세대들은 생각보다도 더 적다며 놀라곤 한다. 1인, 2인, 3인, 4인가구 중에 가장 많은 가구는 2인가구도 아닌 1인가구다. 1인가구가 27%이고, 그다음에 2인가구가 26%다. 이것이 우리나라의 현재 모습이다.

사업하는 분들은 이 사실을 매우 무겁게 받아들여야 한다. 우리가 그동안 알았던 산업의 공식을 지금 1인가구가 모두 바꾸고 있기 때문이다. 기존의 산업은 가족이 많을 때를 상정해서 움직여왔는데, 이제는 그 공식이 통하지 않는다.

특히 가전제품 회사들은 고민이 깊다. 그동안 4인가구나 3인가구용으로 만들어놨던 가전제품들이 많은데 이제는 팔리지 않기 때문이다. 대표적으로 김치냉장고가 그렇다. 혹시 집에 김치냉장고가 있는가? 있다면 언제 구입했는지 떠올려보자. 김치냉장고가 집에 있다는 것은 일단 기성세대라는 뜻이다. 추측건대 자녀가 어른이 되기 전에 구매해서 계속 쓰고 있는 집이 많을 것이다. 왜냐하면 김치냉장고라는 것은 일단 집에서 김치를 담가야 존재 의미가 있다. 오늘날 김치를 담가 먹는 이들의 절대다수는 50대 이상일 것이다.

김치를 담근다고 끝이 아니다. 그 김치를 먹을 수 있는 사람이 집에 많아야 한다. 그래야 김치를 한꺼번에 많이 담가 보관하지 않겠는가. 2명만 살거나 나 혼자 사는 집에서 김치냉장고를 쓸까? 설령 3명이 산다 해도 부부가 맞벌이를 하면 바빠서 김치 담글 시간이 없다. 당연히 김치냉장고도 필요 없어진다.

그나마 김치냉장고를 새로 사거나 바꾸는 경우는 결혼하거나 이사할 때다. 이사를 해도 남의 집에 전세나 월세로 들어갈 때에는 김치냉장고를 바꾸지 않는다. 내 집을 사서 갈 때에나 기분 좋게 리모델링을 하면서 가전제품도 싹 바꾸고 김치냉장고도 새로 사는데, 결혼하는 사람들은 줄고 내집장만은 여전히 어려우니 김치냉장고가 예전만큼 팔리지 않는다.

인구구조의 변화가 비즈니스를 위협하기에 이르자 가전제품 회사는 비상이 걸렸다. 그동안은 판매가 떨어지더라도 이렇게 생각했다고 한다. '우리의 기술력을 보여주면 시장은 움직이게 되어 있어.' 그래서 어느 회사는 김치를 아삭하게 보관하게 해준다며 '유산균이 톡톡' 터지는 광고를 만들었고, 다른 회사는 김치를 맛있게 만들어주는 '0.3℃의 차이'를 잡았다고 광고했다. 이런 식으로 기술력을 뽐냈지만 아무 소용이 없었다. 어떻게 해도 안 팔리는 시장이 되어버렸기 때문이다. 한 집에 김치 먹을 사람이 2.4명밖에 없으니 아무리 첨단기능이 집약됐다 해도 김치냉장고를 살 이유가 없는 것이다.

사정이 이렇다 보니 회사마다 김치냉장고는 이제 어렵나 보다 생각할 지경에 이르렀다. 하지만 내 생각에는 베트남 시장이 과거의 우리나라와 비슷하니 그쪽에 가능성이 있지 않을까 싶다. 베트남은 지금도 기본적으로 다인가구가 시장을 주도한다. 2019년 현재 평균 가구원 수는 3.5명이다. 우리나라가 3.5명이었을 때가 1990년대 초중반인데, 베트남은 5~6명이 함께 사는 집도 전체 가구의 22%나 된다. 설령 김치를 보관할 일이 없다 해도 가구원이 충분히 많으니 세컨드 냉장고 용도로 판매할 수 있지 않을까? 베트남이 우리처럼 김치 같은 음식을 먹는 것은 아니므로 김치냉장고에 국한하여 생각하지 말고 가구원 수와 가전제품의 종류와 크기, 용량 등을 종합적으로 고려하면 좋은 방도가 떠오를 것이다.

본격적으로 진출할지 여부는 해당 기업이 판단해야겠지만, 인구구조 면에서 볼 때 베트남에 기회가 있음을 말하고 싶다. 베트남 사회는 여전히 4인가구가 시장을 주도하기 때문에 부모형 소비가 커지고 있고 앞으로도 그러할 것이다. 가전제품을 사더라도 대형을 선호할 것이고, 자동차도 4인가구에 필요한 차종을 선택할 가능성이 높다.

많은 부분에서 베트남은 우리나라가 밟았던 전철을 따라오고 있지만, 예외가 없을 수 없다. 그중 하나가 가구 분할이다. 우리나라가 빠르게 1인가구로 분화되고 있는 것처럼, 베트남도 저출산이 시작됐으니 앞으로 가구가 분화되지 않을까? 실제로 이런 가설을 기반으로 베트남의 소비행태도 우리나라처럼 급변할 것이라는 예측이 횡행하고 있다. 한마디로 말도 안 되는 말이다.

〈도표 13〉을 보자. 가구 구성원이 감소하는 기울기가 가파르다 보니 금방 1~2인가구가 대세가 될 것 같은 착시효과가 일어난다. 여기에 우리나라의 가구 구성원 변화 추이가 오버랩되면서, 머잖아 베트남의 소비시장도 우리나라처럼 1~2인가구가 주

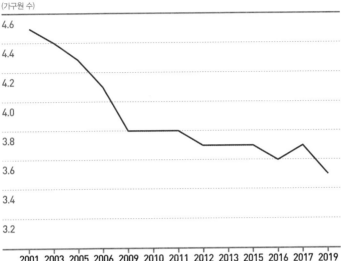

(가구원 수)

2001 2003 2005 2006 2009 2010 2011 2012 2013 2015 2016 2017 2019

(연도)

도할 것이라 예단하게 된다. 그러나 출생인구가 매년 일정 수준
으로 유지되는 베트남에서 1인가구가 소비시장의 대세로 부상
할 가능성은 당분간 크지 않다.

베트남의 미래를 가늠할 때 우리나라의 현상을 레토릭처럼 그
대로 대입하면 위험하다. '곧 바뀐다'라고만 하면 10년, 아니 5
년 안에 다 바뀔 것 같은 착각을 하게 되고, 잘못된 결정을 조급
하게 내리게 된다. 우리나라의 인구변동이 언제 어떤 계기로 일
어났는지, 베트남 인구는 어떤 역학관계 속에 변화하고 있는지
를 정확히 알아야 올바른 예측이 가능하다.

전체 가구 수 : 26,870,079	2009년				2019년			
	1인	2–4인	5인 이상	평균 가구원 (명)	1인	2–4인	5인 이상	평균 가구원 (명)
전체	7.2	63.9	28.9	3.8	10.9	65.5	23.6	3.5
도시지역	8.3	66.6	25.1	3.7	13.0	66.7	20.3	3.3
농촌지역	6.8	62.6	30.6	3.9	9.8	64.8	25.4	3.6

〈도표 14〉에서 알 수 있듯이, 2019년의 베트남 총 가구 수는 약 2687만이다. 2년 전인 2017년 가구 수는 약 2522만 이었으니 꾸준히 증가하는 추세다. 기본적으로 젊은 인구가 많은 만큼 베트남의 가구 수 증가세는 앞으로도 지속될 것이 분명하다.

가구는 일반적으로 많은 소비재의 소비주체다. 가구가 늘어난다는 것은 모든 집에 반드시 있어야 하는 생필품의 수요가 계속 늘어난다는 것을 의미한다. 하지만 냉장고나 TV같이 크기 혹은 용량이 중요한 소비재는 가구 수 못지않게 가구원 수가 구매에 큰 영향을 미친다. 가구원 수가 많으면 더 넓은 주거공간이 필요하고, 그에 비례해 선호되는 냉장고와 TV 등의 크기나 용량도 커지기 때문이다.

앞서 말했듯이 베트남의 평균 가구원 수는 3.5명으로, 우리나라의 1990년대 중반 수준이다. 이후 우리나라는 1인가구가 가장 많은 나라가 되었지만, 베트남은 2019년 현재 1인가구가 10.9%에 불과하다. 이 말은 거의 대부분의 사람들이 가정을 이루어 살고 있다는 뜻이다. 실제로 도표에서 보듯이 2~4인가구의 수가 65.5%이고 5인 이상 가구도 23.6%나 된다.

물론 2009년과 비교하면 평균 가구원 수가 3.8명에서 3.5명으로 줄어든 것처럼 한 가구에 사는 사람의 수도 줄어들고 있는 추세다. 또 5인 이상 가구의 비율이 2009년 28.9%에서 23.6%로 줄어든 반면 1인가구는 증가했으니 베트남의 가구가 전반적으로 축소되고 있음은 확실하다. 하지만 중요한 것은 여전히 다인가구 비중이 90%에 육박한다는 사실이다.

혹자는 1인가구의 비율은 높지 않지만 절대적인 가구 규모가 있으니 1인가구 시장규모도 클 것 아니냐고 생각할 것이다. 그 또한 틀린 말은 아니다. 특히 한국 사람들이 주력하는 하노이와 호치민 시 등 도시지역만 떼어놓고 보면 전체 가구의 13%가 1인가구다.

그러나 숫자가 많다고 시장이 저절로 형성되는 것은 아니다. 이들의 소비력이 시장을 만들 만한 수준인지 따져보아야 한다. 하노이와 호치민 시의 1인가구는 대부분 농촌지역에서 이주해온 젊은이들이다. 이들의 소비력은 현재로서는 매우 미약하다. 어찌 보면 당연한 말이다. 우리나라 1인가구는 소비력이 얼마나 될까? 밀레니얼 세대가 우리 사회 1인가구의 중심인데, 이들의 소비력은 생각만큼 높지 않다. 소득이 높지 않기 때문이다. 독립하는 나이도 보통 30~35세쯤으로 생각보다 늦다. 그 전에는 부모들이 집에서 나가라고 해도 안 나가다가 이때쯤 되면 진지하게 독립을 고민해 실행에 옮긴다.

이들이 혼자 나올 때, 집 안의 물건을 모두 세팅해서 나올까? 그러긴 어렵다. 대개는 모든 게 빌트인되어 있는 곳을 선호한다. 단 하나 내 것으로 장만해서 들어가는 게 침대 정도다. 그래서 최근 우리나라 산업 가운데 1인가구에 뒤통수 맞는 분야가 적지 않다. 1인용 산업이 뜰 거라고 보아 가전제품 등도 1인용을 열심히 만들었는데 생각보다 안 팔린다는 것이다. 대부분 빌트인으로 충족되니 따로 구매할 필요가 없어서다.

현재 베트남도 1인가구가 조금씩 늘고 있지만, 우리나라와 마찬가지로 소비력 면에서 아직 비중 있는 집단은 아니다. 이들을 대상으로 하는 제품/서비스라면 우리나라 1인가구의 추이를 면밀히 참고할 필요가 있다. 물론 베트남의 1인가구와는 또 다른 우리나라 1인가구의 특성은 고려하면서 말이다. 일례로 우리나라 1인가구 중에는 고령자 비중이 꽤 높다. 2025년이 되면 서울시의 전체 가구 중 1~2인가구가 약 70%를 차지할 것으로 예측되는데, 이 중 65%가 65세 이상 고령자로 채워질 전망이다. 반면 베트남 도시지역의 1인가구는 당연히 젊은 20대 청년들이 많다.

결과적으로, 지금 베트남에서 일어나는 소비는 대부분 다인가구에서 이루어진다. 아울러 가구원 변동 추이를 볼 때 앞으로 가구원 수가 다소 줄어들 것은 분명하지만, 현재의 우리나라처럼 급격하게 줄어들 가능성은 매우 낮다. 그러므로 베트남에서는 주된 가구원 수를 4명으로 보고, 앞으로 최소한 10년은 지금처럼 유지된다 예측해도 무방할 것이다.

그렇다면 베트남에서는 언제 1~2인가구가 급속히 증가하게 될까? 3~4인가구가 유지되다 자녀가 성장하여 대학에 진학하거나 직장을 찾아 집을 나오면서 1~2인가구로 분화되는 우리나라를 참고해 생각해보면, 베트남에서는 앞으로 15년 후인 2035년 이후부터 1~2인가구가 대세가 될 가능성이 높다. 지금의 10대 자녀가 15년 뒤에는 진학과 취업을 목적으로 분가하게 되는데, 지금이야 20대 중반에 바로 결혼하므로 '분가=새로운 가구 형성'이라는 공식이 적용되지만 앞으로 15년 뒤부터는 베트남에서도 혼인연령이 높아지면서 1인 혹은 2인가구를 형성할 젊은이들이 크게 증가할 것이다.

지역분포 : 농업인구를 놓치지 말라

'베트남' 하면 어디가 가장 먼저 떠오르는가? 한국 사람들에게 물어보면 예외 없이 '하노이, 호치민'을 말한다. 한 군데 더 한다면 관광지로 유명한 '다낭' 정도일까. 이 세 곳을 가보고 베트남을 다 안다고들 생각한다. 실제로 사업구상을 하러 베트남에 가는 한국인들 대부분 이 세 지역에 간다. 나는 베트남 정부와 인연이 생긴 후 기회가 되면 한국 기업들의 베트남 진출을 돕고 있는데, 기업에 물어보면 관심 있는 곳으로 백이면 백 하노이나 호치민 시를 꼽는다. 외교부 자료를 보면 1988~2016년 사이에 우리나라 기업이 베트남에 투자한 금액은 약 507억 달러인데, 그중 절반 이상인 260억 달러가 호치민 시와 그 주변지역으로 들어갔다고 한다.[4]

그러나 한 번쯤 다르게 생각해볼 필요가 있지 않을까?

한 번은 우리나라 학습지 회사가 자문을 구하러 온 적이 있다. 베트남에 진출하려고 하노이에도 가보고 호치민 시에도 가서 학습지 시장이 얼마나 가능성 있는지 나름대로 사전조사를 많이 하고 온 터였다. 그런데 베트남에서는 초등학교 교사들이 자기 학생들을 대상으로 방과후에 과외수업을 하더라는 것이다. 이미 소득수준이 꽤 높아져서 과외를 시키고 있으니 과연 학습지 사업을 할 수 있을지 고민하다 내게 온 것이었다.

회사 차원에서 이만큼 사전조사를 했다면 꽤 성실히 준비한 것이다. 하지만 나는 그분에게 다른 질문을 했다.

"하노이, 호치민, 다낭에 전체 베트남 인구의 몇 퍼센트가 사는지 혹시 아세요?"

여러분은 아시는가? 2018년 하노이, 호치민, 다낭 인구는 약 1693만 명이다. 당시 전체 베트남 인구 약 9367만 명의 18% 정도다. 그러니까 나머지 82%의 인구는 다 다른 지역에 있다는 뜻이다. 하노이, 호치민, 다낭 중에서도 한국인들이 알고 있다고 생각하는 지역은 도시에 국한될 텐데, 이들 인구만 따지면? 하노이 약 437만 명, 호치민 약 683만 명, 다낭 약 93만 명에 불과하다. 어떤가? 인구로만 보면 베트남 시장이 우리나라의 2배가 되어야 하는데, 하노이나 호치민에 진출한 기업들은 왜 매출이 기대보다 못한지 의아했을 것이다. 바로 이런 이유 때문이다. 베트남 인구는 하노이와 호치민에만 사는 것이 아니라 전국에 넓게 분포되어 있다.

〈도표 15〉는 2019년 4월 실시된 인구센서스에서 베트남 인구

[도표 15. 베트남 성별 및 도시/농촌별 인구규모 (2019년)]

	인구(명)	비율(%)
총인구	96,208,984	100.0
남자	47,881,061	49.8
여자	48,327,923	50.2
도시	33,059,735	34.4
농촌	63,149,249	63.6

가 성별 및 도시와 농촌별로 얼마나 나뉘는지 나타낸 것이다. 현재 베트남의 인구는 남녀 비율이 거의 비슷한 반면 도농 간의 차이는 커서 농촌인구가 도시인구의 2배에 가깝다. 우리나라의 2015년 도시인구가 전체 인구의 83%에 달했던 것과 완전히 반대되는 결과다. 실제로 2018년 일을 하고 있는 15세 이상 베트남 인구의 68%는 농업에 종사하고 있다.[5]

관건은 농촌인구가 언제까지 유지될 것인가다. 앞서 말했듯이 산업화가 진행되면서 도시인구의 비중은 높아질 수밖에 없다. 농촌인구가 얼마나 많이 그리고 빨리 도시로 빠져나갈까? 다행

[**도표 16. 베트남의 도시인구 비율 추이 (단위 : %)**]

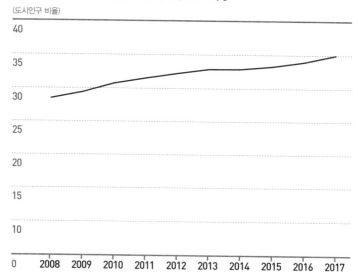

(도시인구 비율)

(연도)

연도	도시	농촌	도시인구 비율(%)
2019	33.060	63,149	34.4
2029	44.295	58.026	43.3
2039	54.005	52.458	50.7
2049	63.100	45.364	58.2

히 베트남 정부는 현재 한국과 중국 등에서 발생한 도시집중 현상의 폐해를 진지하게 인식하고, 이러한 현상이 일어나지 않도록 정책적으로 준비하고 있다. 우리나라처럼 농촌이 공동화되게 두지 않겠다는 의지가 분명하다.

〈도표 16〉과 〈도표 17〉은 베트남의 도시인구가 지금까지, 그리고 앞으로 어떻게 바뀌어갈지 보여준다. 도시인구는 증가하는 반면 농촌인구는 점차 감소해 2039년 즈음이 되면 도시인구가 농촌인구를 추월할 것으로 예상된다. 도시화를 피할 수는 없겠지만, 그 속도가 매우 완만하다는 점에 주목할 필요가 있다. 베트남 농촌지역은 지금도 중요하고 앞으로도 계속 중요한 위상을 차지할 것이다. 베트남의 농촌이 우리나라 농촌처럼 적막할 거라 생각하면 안 된다는 이야기다.

그렇다면 베트남의 기회는 도시 못지않게 농촌에서도 찾아볼 수 있지 않을까. NH(농협)처럼 농촌과 직접 관련된 산업은 물론이고 다른 분야의 기업들도 농촌에서 성공할 수 있는 가능성을 진지하게 검토해보아야 한다.

예를 들어보자. 내가 베트남 진출을 도운 한국 기업 중에 신생아 건강검진을 해주는 기업이 있다. 우리나라에서 아기가 많이 태어나지 않으니 새로운 사업기회를 찾던 기업과, 태어나는 아이들의 건강수준을 높이고자 하는 베트남 정부의 니즈가 만난 것이다. 지금까지는 베트남 정부에서 신생아 검사를 지원하지 않았는데, 이제는 우리나라처럼 신생아 검사를 하고 싶어 한다. 그런데 이런 검사를 할 수 있는 회사가 베트남에 없기에 내가 한국 기업을 주선해주었다.

시장조사차 베트남을 방문한 이 기업이 정부 담당자와 향한 곳은 중부지역의 응에안성이었다. 그곳의 국립병원에 연구실을 열고 신생아 검사를 시작하자는 게 담당자의 구상이었다. 어쩌면 그 기업은 나를 원망했을지도 모른다. 고작 시골병원 하나 소개해주려고 그 먼 곳까지 오라고 했나 싶었을 것이다.

그러나 낙후된 지역이라고 대수롭지 않게 여겨서는 안 된다. 312만 명이 살고 있는 응에안성 지역에서 태어난 아이가 2018년에만 5만 888명이었다. 2018년 우리나라에서 태어난 아이가 32만 5000명, 서울에서 태어난 아이는 약 5만 8000명이었다. 상암동 월드컵 경기장에 들어갈 수 있는 인원이 6만 4000명이니

관중석도 못 채울 정도다. 신생아 검사를 하는 회사로서는 심각한 상황 아닌가. 한국에서 그 기업이 수행하는 신생아 검사는 최대 5만 건이라고 했다. 그런데 베트남 정부가 응에안성 한 곳에서만 신생아 검사를 시범사업으로 실시한다고 해도 연간 약 5만 건을 할 수 있게 된다. 그뿐인가, 그곳을 시작으로 점점 지역을 늘려가면 시장은 계속 커질 것이다.

이 이야기를 왜 하는지 눈치 채셨을 것이다. 하노이나 호치민 시만 고집하느라 괜한 고생하지 말라는 뜻이다. 오히려 농촌 지역이나 중소도시를 공략하는 쪽이 훨씬 실속 있다. 말이 중소도시지, 규모로 치면 우리나라 대도시 못지않은 곳들이다. 탱화라는 지역에는 355만 명이 산다. 우리나라의 부산만 한 규모다. 앞서 언급한 것처럼 응에안 지역에는 312만 명의 인구가 있다. 200만~300만 명대 농촌지역이 베트남 곳곳에 있고, 정부도 농촌의 지역개발을 중점적으로 추진하며 농촌의 인구규모를 유지하려 노력하는 중이다. 과거 우리나라는 산업화 과정에서 '농림부'의 힘이 컸던 적이 없지만, 베트남은 농림부의 위상이 매우 높다. 장관은 한 명이지만 차관이 5명이나 돼, 분야별 정책을 추진하고 이슈에 대응하는 역량도 뛰어난 편이다. 그뿐 아니라 지역마다 농업대학을 설립해 운영하는데, 교육과정은 교육부가 관장하지만 학교 관리는 농림부가 직접 한다.

이처럼 정부 차원에서 농촌 개발을 위해 다각도로 노력하고

있으므로 대도시 이외의 풍부한 배후인구가 당분간(약 15~20년
간)은 계속 유지될 것으로 전망된다. 이런 지역은 아직 교육수준
이 높지 않고 소득수준도 낮다. 호치민 시를 보면 학습지 사업이
어려울 것 같지만 이런 농촌도시에는 학습지 사업이 딱이다. 베
트남은 우리가 생각하는 하노이와 호치민 이상이다. 그곳에 진
짜 기회가 있다.

내가 베트남의 농촌지역을 간과하지 말자고 주장한다 해서 반
대로 도시인구를 간과하자는 말은 물론 아니다. 하노이와 호치
민을 제외하고도 베트남 전역에 중소도시는 적지 않다. 농촌지
역에 비해 도시지역의 임금이 일반적으로 더 높기 때문에 인당
소비력도 도시가 농촌보다 당연히 더 높다. 다만 시장으로서 가
능성을 점칠 수 있는 도시지역이 많지 않다는 것이 문제다. 하노
이와 호치민 시를 제외하고 베트남 전체 63개 성(province) 가운
데 도시지역에 살고 있는 사람들의 수가 100만 명이 넘는 곳은
호치민 바로 옆의 동나이(Đồng Nai)성과 빈즈엉(Bình Dương)성
두 곳에 불과하다. 동나이성은 우리나라 기업들이 다수 진출해
있는 곳인데 사실상 호치민 시의 연장이라고 볼 수 있다. 동나이
의 총인구는 약 300만 명이지만 도시지역의 인구는 약 106만 명
이다. 또 빈즈엉성의 총인구는 약 200만 명인데 도시지역 인구
는 약 157만 명이다. 도시지역 인구가 곧 100만 명이 넘을 것으
로 예상되는 지역도 우리나라 사람들이 최고의 휴양지로 생각하

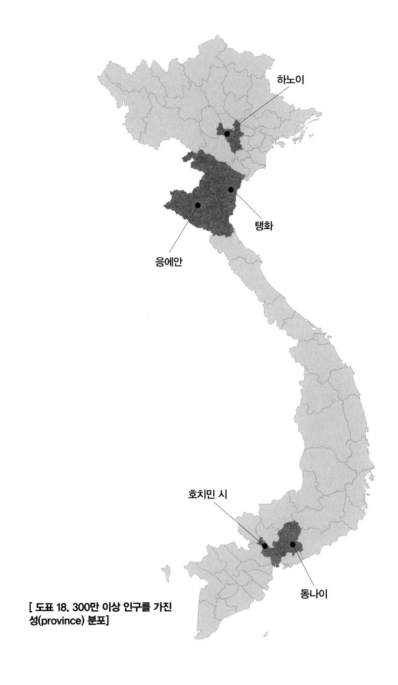

하노이

탱화

응에안

호치민 시

동나이

[도표 18. 300만 이상 인구를 가진 성(province) 분포]

는 다낭성(약 93만)과 LG전자를 비롯한 우리나라 제조기업들이 최근 투자를 늘리고 있는 하이퐁(93만)이 전부다.

사람이 많이 살고 있는 도시가 농촌에 비해 시장이 더 큰 것은 당연한 사실이다. 하지만 지금은 물론 앞으로 최소 15년간 베트남에서는 젊은 인구가 풍부한 농촌지역을 절대로 간과하지 말아야 할 것이다.

연령구조 : 젊은 나라의 고령인구

잘 아시다시피 베트남은 무척 젊은 나라다. 중위연령 29세, 평균연령이 31.8세이고 전체 인구 중 15세 미만이 23.7%나 된다. 그러면 베트남에는 젊은이만 있을까? 천만의 말씀이다. 베트남에는 노인도 많다.

내가 하노이에서 1년간 살면서 깜짝 놀란 것 중 하나가 초상이 나면 동네에 부고장이 붙는 풍습이었다. 우리도 몇 십 년 전에는 동네 어귀에 부고장이 붙었는데, 그 풍습을 21세기에 다시 보게 될 줄은 몰랐다. 신기한 마음에 읽어보니 1930년대와 1940년대 초반에 태어난 분들의 부고가 대부분이었다. 70대 중후반, 80대 분들이라는 이야기다. '아니, 이 나라가 이렇게 장수국가였나?'

말이 나온 김에 실제 데이터를 확인해보자. 〈도표 19〉는 베트남 인구의 연령구조가 1989년부터 현재까지 어떻게 변화했는지를 보여준다. 도표에서 노령화지수(ageing index)는 UN이 정의한 것으로, 15세 미만 연령대 100명당 65세 이상 고령자가 몇 명인지를 나타내는 통계다. 도표에 드러나듯이 베트남은 '젊은 국가'라는 이미지와 달리 매우 빠르게 인구고령화가 진행중임을 알 수 있다. 1989년에는 15세 미만 아이들 100명당 65세 이상 고령자가 12명에 불과했는데, 2017년에는 35명으로 늘어났다. 부고장 데이터는 진실을 말하고 있었다.

고령사회로 접어든 우리나라의 2018년 현재 고령자 비율은 15%다. 우리나라에서 고령화에 대한 염려가 본격화된 것은 2000년경으로, 고령자 비율이 7%를 막 넘어선 시점이었다. 베트남 또한 65세 이상 고령인구가 2017년 기준 777만 명으로 전체 인구의 8.3%이니 이미 고령 단계에 접어들어 대책이 필요한

[도표 19. 베트남 연령대별 인구비율 및 노령화지수 (단위 : %)]

	1989	1999	2009	2014	2017
15세 미만	39.2	33.1	24.5	23.5	23.7
15~64세	56.1	61.1	69.1	69.4	68.0
60세 이상	7.1	8.0	8.7	10.2	12.7
65세 이상	4.7	5.8	6.4	7.1	8.3
노령화지수	12.0	17.5	26.1	30.2	35.0

시점이다. 더욱이 최근 들어 고령화 증가속도가 더 빨라지고 있으니 말이다.

이렇듯 베트남은 마냥 젊은 국가만은 아니다. 고령자도 많고, 앞으로 더 많아질 것이다. 장래인구추계에 따르면 가까운 미래인 2024년에는 베트남의 고령자가 900만 명을 넘어설 것으로 예상된다. 2029년에는 1130만 명이 될 것이다. 고령인구는 출생률처럼 급변할 요인이 없으므로 이 숫자는 정해진 미래다. 기대수명이 갈수록 높아지므로 오히려 지금 예상보다 늘어나면 늘어났지 줄어들 가능성은 없다. 평균연령에 가려져 보이지 않지만 베트남도 고령사회에 대비해야 할 시점이다.

앞서 베트남의 변화한 인구정책 방향 중 하나가 '인구의 질'을 높이는 것이라 했는데, 그 주요 축은 교육과 건강이다. 그중 건강에서는 신생아를 비롯한 국민 전체의 건강수준을 높이는 것이 주요 과제로, 특히 급증하는 고령인구를 위한 건강관리 서비스를 어떻게 마련할 것인가가 긴급한 이슈로 떠올랐다. 베트남어로 고령자 건강관리를 '참쏙 쑥회 응어이 까오 투오이(Chăm sóc sức khỏe người cao tuổi)'라고 하는데, 최근 베트남 TV나 신문에서 이 말을 어렵지 않게 접할 수 있다. 고령자들이 급증하는 만큼 그들의 건강을 어떻게 관리해야 할지 관련 정책을 점검하고 필요한 정책을 마련하자는 이야기들이 자주 나오는 것이다.

과거 우리나라도 그랬지만 지금까지 베트남에서 고령자들의 건강관리는 주로 가족이 책임져왔다. 국가의 경제가 성장하고 사회가 발전하면 건강관리의 책임은 가족에서 국가와 사회로 이전되는 것이 일반적이다. 우리나라보다도 빠른 인구고령화를 경험하고 있는 베트남이 지금 바로 그 시점에 와 있다고 보면 된다. 당장 다양한 질병에 노출되어 있는 고령자들을 위한 건강관리는 더욱더 그러하다. 나이 들수록 흔히 만성질환이라 하는 고혈압, 심혈관질환이나 뇌혈관질환이 많이 생긴다. 지금 딱 그런 변화를 겪는 베트남에서도 주요 사망요인으로 사고나 전염병을 제치고 만성질환이 등장하기 시작했다. 그럼에도 아직 만성병 관리가 잘 안 되고 있어서 시스템을 마련하는 것이 급선무다.

고무적인 성과도 있다. 고령인구 건강관리의 또 다른 과제는 건강보험서비스를 정착시키는 것이다. 베트남의 건강보험 가입률은 2010년대 초반 30%에 머물렀는데, 2019년 6월에 이미 94%가 가입하는 성과를 거두었다. 그리고 2020년에는 99%가 가입할 것으로 예상하고 있다. 이것이 왜 희소식이냐 하면, 건강보험 가입자가 늘어나 보험료가 많이 들어오면 의료서비스에 투자할 수 있는 재원이 늘어나기 때문이다. 의료서비스가 좋아지면 의료사업이 클 수밖에 없다. 그리고 이는 우리에게도 기회가 될 수 있다.

국가가 발전할 때 가장 먼저 성장하는 것은 겉모습이다. 빌딩이 사방에서 솟아오른다. 오늘날 베트남이 이 단계로, 사람들은 빌딩을 보며 '이곳이 벌써 이렇게 발전했구나' 하고 감탄한다. 그러나 하드웨어 안에 담긴 시스템은 아직 많이 열악한 상태다. 병원은 거대하지만 그 안에 있는 설비는 여전히 낙후해 있다. 병원 운영 시스템도 우리나라와 같은 의료 선진국에 비해 열악하다. 건강수준을 높이는 방안을 통해 앞으로 보건의료제도가 정비되면 건강에 대한 투자가 늘면서 관련 사업기회를 다방면에서 모색할 수 있을 것이다.

예를 들어보자. 고령자들을 대상으로 어떤 사업이 기회를 맞을까? 의료나 제약은 말할 것도 없고, 각종 건강관리 사업도 뜰 것이다. 요즘 베트남에서 한국에 오면 반드시 구입하는 선물품목 1등은 인삼 혹은 홍삼이고, 우황청심환이나 건강보조식품도 인기다. 이런 업체라면 면세점에만 들어갈 게 아니라 아예 베트남 진출을 본격화해도 좋지 않을까? 우리나라 사람들 중 지난 1년 동안 청심환 한 알이라도 먹어본 사람이 얼마나 될지 생각해보라. 당신 또는 주변에서는 얼마나 되는가? 거의 없을 것이다. 그런데 베트남에서는 불티나게 팔린다. 한국의 우황청심환을 들여가고 싶어서 조사를 오는 베트남 기업도 있다.

의료나 제약 등 건강 관련 사업만 가능성 있는 것이 아니다. 보험은 어떤가. 우리나라에서는 자식이 부모님 보험을 들어드리는 경우가 종종 있다. 일종의 효도다. 베트남도 유교문화가 있으니, 부모님에게 보험 들어드리는 것을 효도처럼 생각할 수 있다. 보험사업도 전망이 나쁘지 않다는 말이다. 실제로 우리나라 기업 중 한화생명이 베트남에서 좋은 성과를 거두고 있다.

또 생각해볼 수 있는 사업으로 요양시설이 있다. 실제로 고령자들을 위한 요양시설을 만들고 싶어 하는 베트남 지방정부들이 있어서 인구국 국장이 한국의 관련 산업현황을 견학하기도 했다. 베트남은 중앙정부 못지않게 지방정부도 큰힘을 가지고 있는데, 지방정부의 공산당위원회에서 결정해 추진하는 사안 중 하나가 바로 고령자를 위한 요양시설 건립이다. 지방정부에서 부지를 다 마련해놓고도 자체 노하우가 없어서 추진이 안되니 해외 기업을 유치하고 싶어 하는 경우가 적지 않다. 노인들을 위한 시설인 만큼 서양식보다는 한국이나 일본의 시설을 들여와서 베트남 노인도 받고 한국 노인이나 일본 노인들도 받으면 좋겠다는 것이다. 요양시설을 별도로 이용할 정도면 재력이 있는 소비자일 테니 하이레벨로 짓는 것도 충분히 가능하다. 이 계획이 어떤 식으로 추진될지 현재로서는 미지수이지만, 베트남 고령자를 위한 사업기회는 생각보다 많다는 점을 이야기하고 싶다.

하지만 주의해야 할 점도 있다. 우리나라는 2000년 인구에서 65세 이상이 차지하는 비중이 7%가 넘어가면서 정부를 중심으로 '실버산업'을 키워야 한다는 목소리가 꽤 크게 나온 적이 있었다. 고령인구가 늘어나 시장에서 매우 중요한 소비자가 될 테니 실버산업을 국가산업으로 육성해야 한다는 논리였다. 그런데 한번 생각해보자. 실버산업 이야기가 등장한 지 15년이 되어가는데 그동안 뜬 실버산업이 있는가? 머릿속에 떠오르는 것이 딱히 없다. 건강관리 쪽만 생각해봐도 제약과 병원(그것도 주로 대형병원) 산업이 급속히 성장한 것은 맞는데 그것 말고는 그다지 생각나는 것이 없다. 이러한 현상은 우리나라와 같이 급속한 고령화를 경험하고 있는 중국에서도 똑같이 발생하고 있다.

65세 이상 고령인구가 증가한다고 해서 모든 실버산업이 다 기회가 될 것으로 생각하면 큰 오산이다. 베트남 역시 마찬가지다. 고령인구가 증가하면서 국가가 반드시 투자할 수밖에 없는 산업은 역시 건강관리 혹은 치료와 관련된 의료와 제약산업이다. 고령인구가 많아지면 그 시장이 커지기 때문에 의료와 제약산업이 성장할 것은 당연하다. 하지만 고령자들을 위한 일반 공산품이나 다른 서비스의 경우 고령인구 비율에 비례하여 시장도 성장하는 것은 아니다. 실버상품을 정말로 필요로 하는 고령자들의 수가 아직 규모의 경제를 만들어낼 만큼 크지 않기 때문이다.

세대구조 : 만국공통 밀레니얼 세대

최근 기업들은 소비시장의 주요 키워드로 밀레니얼 세대를 주목하고 있다.

베트남의 세대구분은 대체로 10년 단위로 한다. 예컨대 1970년대 출생자는 '베이엑스(7X)'라 부르고, 그 전세대는 '싸우엑스(6X)' 세대라 한다. 베이와 싸우는 각각 베트남어로 7과 6이다. 이 중 경제 및 소비 전반에 가장 기여도가 높은 세대는 싸우엑스인 50대다. 우리나라 586세대가 경제적 영향력이 가장 큰 것과 다르지 않다.

586세대와 싸우엑스 세대의 자녀들이 흔히 말하는 밀레니얼 세대다. 아직 소비자로서 경제력은 부족하지만, 기업이 이들을 주목해야 할 이유는 충분하다.

소비자로서 밀레니얼 세대에는 몇 가지 특성이 있다. 즉각성 (immediacy), 연결성(connective customer), 융합적 소비자(conversion customer), 개인화(personalized items) 등이다. 주변 자극에 바로바로 반응하고, SNS로 세상과 연결돼 있고, 한 가지보다는 다양한 브랜드와 상품을 동시에 사용하며, 개인화하는 경향이 강해 기성품도 자신의 취향에 맞게 꾸미고 고치기를 좋아한다. 아울러 건강과 미용에 관심이 많고 환경 이슈에 민감하고 교육수준도 높으며, 고용되어 소속되기보다는 창업을 시도하는 등 자기 일을 하려는 열망이 크다. 욜로(YOLO)도 물론 빼놓을 수 없다. 이 모든 것이 밀레니얼 세대의 특성이다. 한국의 밀레니얼 세대가 딱 이렇고, 미국의 밀레니얼 세대도 다르지 않다고 한다. 그렇다면 베트남의 밀레니얼 세대는 어떨까?

그들도 마찬가지다. 앞에서 나열한 밀레니얼 세대의 특성은 다름 아닌 베트남 언론매체에서 가져온 내용이다.[6] 우리나라 사람이 썼다고 해도 믿지 않겠는가? 이처럼 만국의 밀레니얼 세대는 가치관이나 추구하는 삶의 양식이 비슷하다.

그게 뭐 그리 중요한가 싶을지 모르지만, 좀 더 생각해보면 결코 당연한 말이 아니다. 다른 세대는 그렇지 않기 때문이다. 과거에는 전 세계가 공유하는 특별한 세대적 특성이랄 게 없었다. 일례로 내가 속한 X세대는 베이비붐 세대 이후에 태어난, 1970년대 초중반부터 1980년대 초반생을 가리킨다. 캐나다 작가 더글러스 쿠플랜드가 자신의 소설 제목으로 처음 사용한 표현인데, '독특하긴 한데 뭐라고 규정할지 애매하다'는 의미에서 X가 붙었다. 캐나다 사람이 작명했다는 점에서 알 수 있듯이 X세대의 출현은 우리나라만이 아니라 세계적인 현상이었다. 그런데 그들에게 밀레니얼 세대처럼 세계적으로 공통되는 특성이 있는가 하면, 그렇지는 않다.

베트남에 갈 때면 함께 테니스를 치는 현지 친구가 있는데, 1971년생이고 나는 1972년생이다. 둘 다 스스로를 X세대라 믿고 있는데, 나와 그는 너무 다르다. 나는 학교에서 제1외국어로 영어를 배웠지만 이 친구는 러시아어를 배웠다. 더 어릴 적, 전 세계가 미국과 소련 중심으로 자유진영과 공산진영으로 나뉘어 있었을 때 나는 공산당을 머리에 뿔 달린 악마라고 상상했는데, 이 친구는 머리에 뿔 달린 건 미국 사람이라고 배웠단다. 유학이든 여행이든 유럽에 간다고 해도 이 친구는 폴란드나 헝가리를 떠올렸다는데, 우리는 얼마 전까지 무조건 서유럽을 떠올리지 않았나? 이처럼 과거의 경험이 너무 다르고 생각하는 것도 다른데 그저 같은 시기에 태어났으니 X세대로 묶이는 것뿐이다. 억지로 찾아낸 공통점은 신문 읽기로 아침을 연다는 것 정도인데, 그것도 나는 모바일로 보는 반면 그 친구는 종이신문으로 본다. 내가 보기에 그 친구는 우리 머릿속에 있는 '아저씨' 모습 그대로인데, 그의 눈에 나는 아직 애처럼 철없어 보인단다. 그래서 내가 "나는 X세대라서 그래"라고 했더니 무슨 소리냐며 자기야말로 X세대란다. 이렇게 X세대라 해도 개인차가 크고 국가와 문화권의 차이는 더 크다.

그런데 밀레니얼 세대는 나라를 떠나 매우 유사한 가치관을 공유한다. 그래서 한국의 20~30대가 베트남에서 친구를 사귀어도 통하는 바가 많다. K-pop과 한국 연예인들이 이어주는 공통 관심사도 있을뿐더러 추구하는 스타일도 유사하다. 선진적인 교육 시스템하에 성장했기에 기성세대보다 사고방식이 개방적이고 미래에 대한 목표도 뚜렷하다. IT기술을 많이 접했고 빨리 적응할 수 있다는 공통점도 있다. 현재를 중시하는 가치관도 다를 바 없다.

물론 사회상황이 다르니 우리나라와 베트남 밀레니얼 세대 사이에도 차이점은 있다. 대한민국의 밀레니얼 세대는 위에서 내리누르는 30~40대 인구가 너무 많아서 성공은 고사하고 취업하기조차 팍팍하다. 반면 베트남에는 그들의 성공가도를 가로막을 기득권 세력이 없다. 미래가 굉장히 밝다. 똑같이 고등교육을 받아 영어도 잘하고 제2외국어도 잘하고 같은 가치관을 공유한다 해도, 한국의 밀레니얼 세대는 베트남 밀레니얼 세대와 처한 현실이 다르다. 한국의 기성세대로서 미안한 일이다.

반대로 베트남의 밀레니얼 세대는 앞으로 베트남의 발전이 가져다주는 기회와 부를 부지런히 자기 것으로 흡수해갈 것이다. 이처럼 기회가 많으니 과거 우리나라의 1980년대 젊은이들이 그랬듯이 베트남 밀레니얼 세대들도 일을 매우 열심히 한다. 기회가 많기 때문에 우리나라 밀레니얼 세대처럼 퇴사가 로망은 아니다. 오히려 베트남의 기성세대가 가정에 헌신하는 편이었다면 밀레니얼들은 사회적으로 인정받고자 일을 더 중시한다. 성공하려는 열망이 큰 이들에게 '워라밸'은 적합한 가치관이 아니다.

흥미롭게도 이런 특성은 하노이나 호치민에서 부모와 같이 사는 20대, 특히 고위공직자나 사회적으로 성공한 부모의 자녀들에게서 더 많이 나타난다. 이들은 또래보다 공부도 더 열심히 하고 인턴에 지원하는 등 스펙도 부지런히 쌓으며 대기업을 목표로 한다. 반면 지방에서 유학 와서 대도시에 정착한 청년들은 그렇지 않다. 우리나라도 과거에 서울에서 부모와 함께 사는 20대와 유학 온 20대는 같은 학교 같은 과라 하더라도 많이 다르지 않았던가? 교육열이 높아지면서 베트남에도 유학생이 많이 늘었는데, 이들은 성공에 집착하기보다는 환경문제에 관심을 갖는 등 밀레니얼 세대의 전형적인 특성을 보인다. 도시에서 자리 잡아 어느 정도 성공이 보장됐으니 삶을 즐기고 살겠다는 느긋함도 있다.

밀레니얼들의 이러한 세대적 특성을 이해하지 않으면 베트남에서 사업하기가 쉽지만은 않을 것이다. 우리나라에서는 밀레니얼 세대의 인구규모가 크지 않기 때문에 베트남 밀레니얼도 매력이 덜하다고 느낄 수도 있다. 그러나 한국의 밀레니얼에게 먹히면 베트남 밀레니얼에게도 통한다는 점을 기억해야 한다. 우리나라 밀레니얼 세대를 이해하지 못한 상태에서, 우리나라에서 잘되지 않은 상품을 가져가면 베트남에서도 똑같이 고전하기 쉽다. 반대로 우리나라 밀레니얼에게 먹히는 상품이라면 그곳에서도 통할 가능성이 높다. 베트남 기업이 한국에 들어오려 할 때도 마찬가지다. 예컨대 빈(Vin) 그룹이 뭔가를 만들어서 한국에 진출하려 한다면 베트남 밀레니얼에게 성공한 다음에 와야지, 무턱대고 오면 안 된다는 것이다. 비단 밀레니얼 세대를 겨냥한 상품을 판매하지 않더라도, 현지에서 고용할 인력이 대개 이 세대일 터이므로 그들에 대한 이해는 필수다.

더욱이 베트남의 밀레니얼 세대는 경제발전의 결실을 흡수하는 과정에서 기존과는 다른 소비의 관성을 만들어갈 것이다. 이 지점이 중요하다. 베트남에서 이들은 소비를 하면서 자란 첫 세대로, 이들이 정립한 소비의 관성은 세대를 넘어 상당 기간 지속될 것이기 때문이다. 베트남 커피라고 하면 흔히 떠올리는, 연유 들어간 전통적인 커피나 G7커피는 이들의 선택지가 아니다. 밀레니얼 세대들은 어느 나라나 똑같이 스타벅스에 간다. 그뿐인가, 담배도 별로 안 피운다. 베트남 35세 이상 인구의 흡연율이 엄청난데 그 밑으로는 그렇지 않다. 청결에 대한 인식도 높은 편이다.

이러한 세대의 특성을 이해하지 못한 채 '베트남 사람들은 이럴 것'이라는 선입견을 그대로 투영하면 안 된다.

베트남의
미래를 결정할
비인구 현상 6

앞에서 말한 '인구보너스' 혹은 '인구배당'이라는 개념에서 알 수 있듯이, 인구와 경제발전의 상관관계에 대한 인구학 연구는 많이 진행되어 왔다. 경제발전 수준이 낮을 때에는 생산 및 소비를 할 수 있는 젊은 인구가 많아지면 인구보너스를 얻을 가능성이 생긴다.

하지만 젊은 인구가 많아진다고 반드시 경제가 발전하는 것은 아니다. 그런 점에서 때가 되면 무조건 받는 '보너스'보다 투자해서 성과가 나야 받을 수 있는 '배당'이 더 정확한 표현이다. 이처럼 경제가 발전하려면 먼저 인구에 투자해야 한다. 인구의 연령구조 변화가 발전의 필요조건이라면, 충분조건은 인구의 질을 높이기 위한 사회적 투자라 할 것이다.

베트남의 경제발전을 가능케 하는 충분조건은 구체적으로 무엇일까? 가장 중요한 변수는 건강과 교육수준 등 '인구의 질적 성장'이지만, 이 외에도 고려할 사항이 적지 않다. 정치적 상황, 문화와 관습 등이 발전을 뒷받침해줄 수 있는지 검토해야 한다. 지금부터 하나씩 살펴보자.

건강증진에 따른 인구의 질적 성장

한 사회의 전반적인 발전수준을 가늠할 수 있는 척도는 여러 가지가 있을 텐데, 인간개발지수(HDI, Human Development Index)도 그중 하나다. UN개발계획(UNDP)이 각국의 교육수준, 1인당 국민소득, 기대수명, 여성의 사회참여 등을 조사해 전반적인 삶의 질을 평가하는 지수다. 이를 보면 그 사회의 경제적 수준은 물론 전반적인 삶의 질이 어떤지도 알 수 있다.

여러 차례 언급한 대로 베트남은 인구의 질을 높이는 두 축으로 건강과 교육수준에 집중하고 있다. HDI의 평가항목 중 건강 영역의 주요지표는 영아사망률과 0세 기대수명이다. 영아사망률은 신생아 1000명당 생후 1년 안에 사망하는 수를 뜻하며, 흔히 '평균수명'이라고도 하는 0세 기대수명은 갓 태어난 아이가 앞으로 생존할 것이라 평균적으로 기대되는 수명을 말한다. 베

[도표 20. 동남아지역 주요국가의 영아사망률 (2017년)]

(영아사망률)

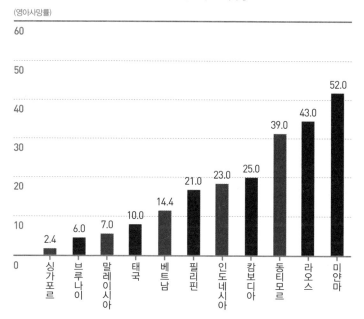

트남의 영아사망률과 기대수명을 보면 인구의 질을 높이려는 베
트남 정부의 노력이 얼마나 성과를 거두고 있는지 알 수 있을 것
이다.

〈도표 20〉은 2017년 기준 동남아 주요국가의 영아사망률을
나타낸다. 싱가포르의 영아사망률이 가장 낮고 미얀마가 가장
높다는 사실을 알 수 있다. 베트남은 약 14.4명으로 결코 낮지 않
지만, 베트남의 경제상황과 신생아 및 모자보건 관련 의료시설
이나 제도가 아직 열악하다는 점을 고려하면 상황이 나쁘다고만

볼 수는 없다. 베트남보다 의료시설이 발달하고 개인소득도 높은 태국이 10명인 것을 고려해보면 베트남의 영아사망률은 상대적으로 높지 않은 편이다.

여성의 초혼연령이 낮아 젊고 건강한 나이에 아이를 낳는 것도 영아사망률을 낮추는 데 영향을 미쳤을 수 있다. 제도의 미비함을 개인의 건강함으로 만회하는 셈이다. 결국 엄마가 건강한 덕분에 베트남은 의료수준과 서비스가 좋지 않음에도 전반적인 사회수준은 낮지 않게 되었다는 뜻이 된다.

기대수명, 즉 평균수명의 추이 또한 긍정적이다. 2017년 현재 베트남의 기대수명은 남자 70.9세, 여자는 76.2세다. 우리나라 남자의 기대수명이 71세였을 때는 1997년, 여자가 76세였을 때는 1991년이었다. 기대수명만으로 판단하면 현재의 베트남은 우리나라의 1990년대로 볼 수 있다는 것이다. 그런데 구매력평가지수로 본 베트남의 2017년 1인당 국민소득(GNI)은 약 6500달러로, 우리나라의 1980년대 수준이다. 이렇게 볼 때 베트남 국민들이 건강해지는 속도는 경제발전 속도보다 훨씬 빠르다고 할 수 있다.

나라가 성장하려면 기본적으로 국민들이 건강해야 한다. 일반적으로 건강은 나라의 경제수준과 비례한다. 우리나라가 경험했던 경제수준과 건강 간의 관련을 기준으로 생각해볼 때, 베트남은 경제수준에 비해 국민들이 더 건강하다고 볼 수 있다. 물론 국민들의 전반적인 건강수준을 영아사망률과 평균수명만으로 평가하는 것이 충분하지는 않다. 하지만 두 지표는 사회의 전반적인 보건의료체계, 영양상태, 중한 질병상태 등에 의해 결정되는 것도 분명한 사실이다. 우리나라를 생각해봐도 과거부터 지금까지 경제가 발전하는 양상과 영아사망률이 낮아지고 평균수명이 상승하는 양상이 그대로 일치한다. 결론적으로 베트남 국민들은 건강하며, 국민들의 건강함이 경제성장을 견인할 것도 분명하다.

교육열에 의한 질적 성장

인구배당을 받을 수 있는지 측정하는 가장 중요한 변수는 교육수준이다. 우리나라가 최빈국에서 선진국으로 도약할 수 있었던 결정적 요인으로 빠지지 않는 것이 '우골탑(牛骨塔)'으로 상징되는 교육열이다. 소 팔고 논 팔아 자식을 대학에 보냄으로써 가계를 일으키고, 그 합이 모여 국가까지 일으켰던 것이다. 베트남의 교육열도 과거 우리나라 못지않다. 개인은 물론이고 국가도 교육에 엄청나게 투자하고 있다. 2017년 통계에 따르면 전체 베트남 공무원의 69%가 교육 관련 업무에 종사하고 있다니 국

	초등교육	중등교육	고등교육	그 이상
전체	98.0	91.7	71.5	23.4
도시	98.5	94.2	80.8	43.6
농촌	97.8	90.5	67.4	12.5

가적 열의를 짐작할 수 있을 것이다.

베트남 교육체계도 우리나라처럼 초등-중등-고등-대학교육으로 이루어져 있다. 초등학교(Primary School) 5년은 의무교육인 만큼 해당 학령기 인구 중 98%가 학교를 다니고 있음을 〈도표 21〉에서 알 수 있다. 중학교는 4년 동안 다니는데, 그 연령대 청소년의 92% 정도가 교육을 받고 있어 다른 개발도상국에 비해 훨씬 높은 수준을 자랑한다. 대학 진학률은 23.4%로 낮다고 생각할지 모르겠지만, 우리나라도 1980년대 초반에는 딱 이 정도였다.

교육수준이 높아야 국가가 발전한다는 것은 당연한 말 같지만, 여기에는 '속도'라는 중요한 항목이 빠져 있다. 단순히 교육수준이 높을수록 좋은 게 아니라 교육수준이 향상되는 속도가 중요하다. 실제로 아시아 지역 국가들의 인구와 경제성장 간의 관계를 분석한 결과 25~49세의 교육수준이 1인당 국내총생산(GDP per capita)과 매우 연관이 크다는 것을 알 수 있었다.

베트남은 2015년 현재 이 연령대의 평균 교육수준이 9년이고, 10대들만 떼어놓고 보면 지역과 성별을 망라하고 고졸 학력이 대부분이다. 〈도표 22〉에서 보듯이 2002~15년 사이의 베트남은 우리나라의 1975~85년과 유사한 교육수준 발전속도를 보이고 있으므로 10년 후에는 25~49세의 교육수준이 현재의 9년에서 12년에 가까워질 것으로 전망된다. 이만 한 발전속도를 보이는 나라는 베트남을 제외하면 중국 정도인데, 두 나라 중 인구가 국가발전에 미치는 영향은 베트남이 훨씬 크다.

[도표 22. 한국과 베트남 교육수준 발전 추이]

(25세 이상 인구의 평균 교육기간)

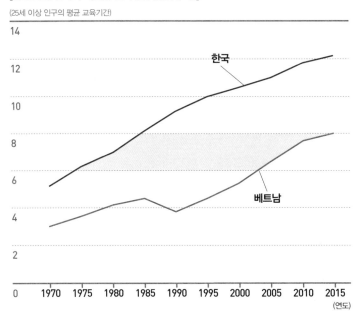

그러나 베트남의 교육에 문제가 아예 없는 것은 아니다. 베트남에는 고급인재를 양성할 좋은 대학이 턱없이 부족하다. 국가 전체적으로 교육수준이 향상되고 있기는 하지만, 고등학교까지의 교육만 좋을 뿐 그 이후의 교육이 미비한 상태다. 과거 우리나라를 보라. 1980년대 우리나라가 발전할 때에는 젊은이들이 굉장히 많았다. '58년 개띠'로 상징되는 베이비붐 세대가 성인이 되면서 1980년대 중후반부터 청년 인구층이 급격히 커졌다. 그런데 이들은 숫자만 많은 게 아니라 양질의 대학교육을 받아 사회에서 두각을 나타내기 시작했다. 그에 따라 1990년대 들어 대학이 급격히 늘어나 수요에 부응했다. 하지만 베트남에는 아직까지 이런 모습이 보이지 않는다.

2019년 현재 베트남의 대학은 454개로, 4년제 235개교에 약 177만 명, 전문대학 219개교에 약 45만 명이 재학중인 것으로 나타났다.[7] 결코 적지 않은 규모이지만 양질의 교육을 시켜줄 만한 대학은 별로 없다. 전체 대학 진학률이 23.4%이지만 지역별 격차가 커서, 〈도표 21〉을 보면 도시의 대학 진학률은 약 44%로 우리나라의 1990년대 중반과 비슷한 반면 농촌은 약 13%에 그치고 있다.

이것이 현재 중국과 베트남의 결정적인 차이다. 잘 알려졌다시피 중국에는 세계적인 대학도 많고, 해외 유학도 활발하다. 그 좋은 대학을 나온 인재들이 외국 기업에서 일을 배운 다음 고국에 돌아와 자국 기업에 취업하거나 직접 회사를 차렸다. 2000년대 중반에만 해도 이렇다 할 글로벌 기업이 많지 않았던 중국이 오늘날 휴대폰, 가전제품, 자동차, 화장품, 유통 등 수많은 산업 분야에서 세계를 선도하는 기업을 만들어낸 원동력은 바로 여기에 있다.

베트남에서도 이런 모습을 기대할 수 있을까? 현재로서는 쉽지 않아 보인다. 베트남의 재력가들은 물론이고 엘리트층이라 할 수 있는 고위관료와 공산당 고위당원들조차 상당수가 자녀를 해외로 유학 보낸다. 물론 과거 우리나라도 수많은 학생들이 해외로 유학을 떠났다. 대부분은 학위를 마치면 한국으로 돌아와 대학교수가 되었고, 자연히 한국 대학들의 수준이 높아질 수 있었다. 그런데 베트남 유학생의 상당수는 학위를 마치고 베트남으로 돌아오지 않으려 한다. 아직까지 베트남 대학들이 이들 인재를 품을 만한 수준이 못 되기 때문이다.

대학 진학률이 23.4%에 그치고 그나마 좋은 대학도 많지 않다면, 이렇게 교육열이 높은 나라에서 어디가 선망의 대상이 될까? 맞다, 고등학교다. 과거 우리나라에도 명문대학 이전에 명문 고등학교가 있지 않았던가. 고등학교가 평준화되기 이전에는 명문 대학교 못지않게 명문 고등학교가 중요했다. 지금도 60대 이상 장년층 중에는 어느 고등학교를 나왔는지 따지는 분들이 있다.

물론 그 세대만의 이야기는 아니다. 고교평준화 이후 고등학교의 위상이 한풀 꺾였다가 몇 년 전부터 다시 부상하고 있다. 이제는 자사고(자립형사립고등학교)를 나왔는지 과학고나 외국어고와 같은 특목고(특수목적고등학교)를 나왔는지가 중요하다.

이런 현상이 베트남에도 있다. 사람에게는 기본적으로 너와 나를 구분 짓고 차별하려는 본능이 있는 것 같은데, 베트남에서는 그 본능이 출신 고등학교로 표출되고 있다. 일례로 하노이에는 세칭 명문 고등학교가 세 곳 있어서, 이곳 출신들이 정부와 하노이 지역의 경제부문 요직에 두루 포진해 있다. 여기에 최근 영재학교와 외국어고등학교도 명문 고등학교의 반열에 올랐다고 한다.

내가 처음 연구년으로 베트남에 갈 때 두 딸은 중학교 1학년과 초등학교 4학년이었다. 이 나이 또래 자녀를 둔 교수들은 연구년을 주로 미국에서 보낸다. 아이들 영어교육 때문이다. 그래서 아내도 당연히 미국으로 가는 줄 알았는데 내가 하노이에 간다고 하니 처음에는 반대가 만만치 않았다. 그러다 극적으로 허락을 해주었는데, 그 이유를 물어보니 베트남의 국제학교에 아이들을 보낼 거라 생각한 것이다. 결과적으로 나 혼자 떠나는 바람에 아내의 기대에 전혀 부응하지 못했지만.

하지만 아이들을 데리고 갔다 해도 하노이의 국제학교에는 보내지 않았을 것 같다. 베트남 사회에서 매우 유리한 발판이 될 수 있는 학교들이 있는데 왜 굳이 국제학교에 보내 소외를 자처하겠는가. 하노이에서 아이들을 계속 키울 작정이었다면 아마 나도 앞에서 말한 명문 고등학교를 목표로 했을 것이다.

그런 점에서 안타까운 면이 있다. 베트남에 파견된 우리나라 기업 주재원들은 예외 없이 하노이나 호치민 같은 대도시의 특정 지역에 몰려 산다. 그러다 보니 베트남 현지인들과의 교류가 적고 아이들도 대부분 국제학교로 진학시킨다. 국제학교를 나와서 한국이든 미국이든 다른 나라로 진학한다면 모르겠지만, 베트남 사회에서 속된 말로 '먹어주는' 학교는 국제학교가 아니라 이런 전통의 명문학교인데 전혀 고려하지 않는 것 같다. 심지어 이들 학교에서 영어도 잘 가르치는데 말이다.

아, 청소년을 키우는 아빠 입장이다 보니 고등학교 이야기에 너무 열을 올렸나 보다. 베트남 교육에서 정작 중요한 포인트는 고등학교 이후다. 고등학교 교육은 열심히 하고 잘되기도 하는데, 좋은 대학은 왜 없을까? 개인도 국가도 교육이 답이라고 외치는데 왜 대학교육은 잘 안 될까? 앞으로도 베트남의 대학교육은 그저 그런 상태에 머물러 있을까?

그렇지 않다. 베트남의 대학은 발전해야 하고, 자연스럽게 그렇게 될 것이다. 그에 따라 대학입시 경쟁도 심해질 것이다. 이에 발맞춰 교육 관련 시장이 커질 것은 물론이다.

우리나라가 못살던 시절에도 교육열은 대단했고 덕분에 이만큼의 발전을 이룬 것은 주지의 사실이다. 혹자는 한국의 유별난 교육열의 원동력을 교육을 중시하는 유교적 가치관 때문으로 설명하는데, 유교문화권인 아시아에서 우리나라만 유독 교육열이 높다는 건 충분한 설명이 아닌 듯하다. 또는 대학에 비해 인구가 많아서 자연스레 대학에 대한 열망이 커지고 입시경쟁도 치열해진 것이라고 설명하기도 하는데, 대학 가기가 그렇게 힘들면 재수 삼수를 감행하기 전에 지레 포기하는 사람이 더 많지 않을까?

대학의 희소성만으로는 이 뜨거운 진학 열기를 설명하지 못한다. 누구나 대학에 가고 싶게 하려면 어렵게 대학 관문을 통과함으로써 얻을 수 있는 보상이 충분히 커야 한다. 경제가 발전하고 국가가 성장하면 자연스레 정부나 기업에서 조직을 관리하고 경영할 매니저가 필요해지고, 사회 각 부문을 이끌어갈 지식을 갖춘 사람들을 원하게 된다. 대학을 나와 이런 일을 하는 사람들에게는 큰 보상이 주어진다. 대졸자와 고졸 이하의 임금격차가 커질수록 사람들은 대졸자가 누리는 사회적 지위에 민감해지고, 대학 졸업장을 따기 위한 경쟁에 기꺼이 뛰어들게 된다.

〈도표 23〉의 위쪽 그래프는 한국의 1989년 인구피라미드다. 이때는 바야흐로 한국 경제가 지금의 베트남처럼 막 성장할 때였다. 당연히 일하는 사람이 더 많이 필요했다. 도표에서 30대 남성 부분을 보자. 왜 남성만 보느냐면, 이때만 해도 여성들은 주

[도표 23. 한국의 인구피라미드 (1989년, 2019년, 출처 : 통계청)]

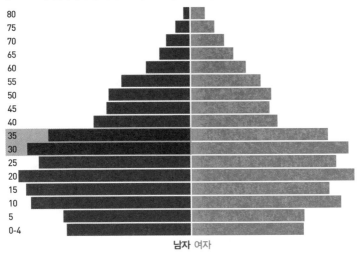

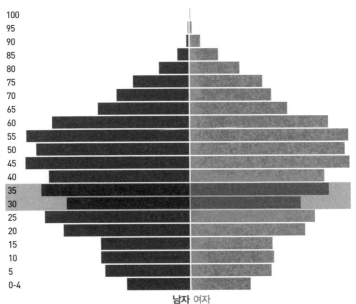

로 가사일을 전담해서 노동시장에는 남성들이 절대다수였기 때문이다. 이 남성들 가운데 대학을 나온 사람은 고작 30% 정도였다. 그나마 윗세대보다는 훨씬 높은 수치다. 윗세대들은 인구도 적을뿐더러 대학 나온 사람도 얼마 없었다. 사회는 고학력자를 많이 필요로 했는데 윗세대의 경쟁력은 높지 않았다. 그 결과, 1980년대에 대학 나온 30대 남성들은 사회에서 성공할 수밖에 없었다. 굳이 명문대일 필요도 없이 그냥 대학만 나와도 어느 정도의 성공은 보장되었다.

이번에는 아래 도표를 보자. 2019년 인구피라미드다. 지금은 남성 여성 모두 노동에 참여한다. 2019년 30대 인구는 80%가 대학을 나왔다. 바로 위 연령대는 대학진학률은 상대적으로 낮지만 인구가 더 많기 때문에 대졸자의 절대 수는 비슷하다. 이렇게 윗세대가 강력하게 버티고 있기 때문에 오늘날의 30대 대졸자들은 성공은커녕 자리 잡기도 쉽지 않다. 상황이 이렇다 보니 이제는 더 좋은 대학을 나와야 성공할 수 있다고 믿게 됐다. 수험생이 90만~100만 명인데 대학에 간 사람은 약 30만 명밖에 되지 않았던 베이비부머 시대보다 저출산 시대인 지금의 대입경쟁이 당연히 약해져야 하는데 오히려 더 격화되는 이유다. 대학 진학률이 높아진 데 더해 대학 서열화가 가세한 것이다.

베트남은 아직은 고졸과 대졸의 임금격차가 심하지 않다. 대학이 성공에 반드시 필요하다는 인식이 사회적으로 통용되지 않은 상태다. 대학이 부족하지도 않다. 수험생은 대개 4~6곳의 대학을 지원할 수 있는데, 만약 원하는 대학에 떨어진다 해도 재수를 하는 경우는 많지 않다. 대개는 좀 더 낮은 대학에 가거나 아예 안 간다. 대학을 나와도 돌아오는 보상이 크지 않기 때문에 1년을 더 투자할 필요가 없다고 생각하는 것이다. 과거 우리나라에서도 일단 대입시험은 보더라도 어지간히 공부 잘하는 학생이 아닌 다음에야 소 팔아서 학비 대야 하는 상황이면 그냥 꿈을 접지 않았나. 지금 베트남도 그렇다.

하지만 언제까지 그럴까? 베트남이 생산기지일 때에는 대졸자가 많이 필요하지 않았다. 그러나 국가가 발전하면서 이제 베트남은 단순히 생산기지를 넘어 소비시장으로 변화하고 있다. 과거에는 우리나라 기업이 베트남 공장에서 생산한 제품을 OEM으로 국내에 들여왔는데, 지금은 현지에서 판매한다. 그러려면 생산만 해서는 안 되고 경영 및 관리가 이루어져야 한다. 고등교육을 받은 인력이 필요한 시점이 온 것이다.

베트남의 2017년 인구피라미드를 보자.(〈도표 24〉 참조) 베트남은 남성과 여성이 모두 일을 하고, 25~34세 연령대가 가장 크다. 이들 중 대학을 졸업하는 인구가 20% 남짓 될 것이다. 앞에서 본 한국의 1989년과 똑같지 않은가? 윗세대는 규모도 작고 대학 나온 사람은 더 적다. 그러니 지금 대학을 나온 청년세대는 국가가 성장하는 만큼 무조건 성공할 수밖에 없다.

[도표 24. 베트남 인구피라미드 (2017-2018년)]

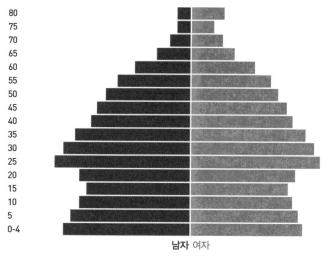

남자 여자

이처럼 국가적으로 대졸자를 많이 필요로 하고 교육수준에 따른 임금격차가 커지기 시작하면 누구나 대학을 가려고 할 것이다. 우리나라와 유사한 대입경쟁 상황을 맞게 되는 것이다. 아니, 우리보다 훨씬 더 심한 경쟁을 예상할 수 있다. 우리는 수험생 인구가 줄어들고 있는데도 경쟁이 심해지는데, 베트남은 매년 140만 명 이상 태어나는 데다 대졸자의 처우는 점점 더 좋아질 테니 말이다. 그래서 교육이 정말 답이 되는 국가가 올 전망이다. 그러다 2040년 즈음에는 지금의 한국처럼 대학 진학률이 높아지고 많은 사람들이 대졸 학력자가 되지만 그래봐야 별 소용없는 사회가 될 것이다. 20~30대의 80%가 대학을 나와도 위 연령대에 대학을 졸업한 사람들이 이미 많을 것이기 때문이다.

이처럼 아직까지 베트남의 교육시장은 크지 않지만 조금 있으면 엄청나게 커질 수밖에 없다. 사교육은 물론이려니와 대학 등 교육산업에 종사하는 이들이라면 베트남의 이러한 변화를 반드시 눈여겨보아야 한다.

소셜리제이션을 이해하라

부족한 대학교육 인프라를 확충하기 위한 대안으로 베트남 정부는 소셜리제이션(socialization)을 추진하고 있다. 베트남에 갔을 때 공무원들이 '소셜리제이션'이라는 표현을 자주 사용하는 것을 보았다. 흔히 생각하기에 소셜리제이션이라고 하면 공공성 강화일까, 민간부문의 강화일까? 공공성을 강화하는 것 같지 않은가? '사회적 기업'이라는 개념만 보아도 공공성이 너 강하니 말이다. 나도 처음에는 그렇게 이해했는데, 알고 보니 반대였다. 베트남에서 소셜리제이션이라는 단어는 '민간과의 협력 강화', 혹은 '민간자원의 활용'을 뜻한다. 반드시 민영화를 의미하는 것은 아니지만 그래도 우리가 이야기하는 '사회화'와는 다른 방향을 가리키고 있어 사뭇 놀랐다.

소셜리제이션은 베트남의 산업을 이해하는 데 매우 중요한 키워드다. 우연찮게 우리나라 기업의 수출을 돕게 된 또 한 가지 경우가 '피임약'이었다. 졸저《정해진 미래 시장의 기회》에서도 잠깐 설명했듯이 우리나라 피임약 시장은 점점 작아져서 지금은 1년에 500만 갑 정도 판매된다고 한다. 반면 베트남은 1년에 2300만 갑이 소비된다. 인구가 많고, 특히 젊은 인구가 많으니 그렇다. 베트남은 인구국에서 피임약 공급을 지원하는데, 베트남 여성들의 교육수준이 높아지고 소득도 늘어나면서 더 좋은 피임약을 공급해달라는 요구가 나오기 시작했다.

이에 기존의 자국 제품으로는 한계에 부딪힌 베트남 정부는 "소셜리제이션하겠다"고 했다. 내가 아직 이 개념의 진의(?)를 파악하지 못할 때여서 공공성을 강화한다는 뜻인가 했는데, 알고 보니 국가가 좋은 피임약을 싼 가격에 사들여 국민들에게 판매하겠다는 것이었다. 그제서야 의도를 파악하고 인구국장에게 어느 나라 제품을 살 건지 물어보니 아직 정해지지 않았다고 하기에 우리나라에 좋은 제약회사가 많다고 넛지를 준 적이 있다. 그 후 실제로 우리나라 보건복지부를 통해 협상이 추진돼 최종 낙찰된 기업이 베트남에 피임약을 공급하기로 결정되었다.

이 프로젝트가 말하자면 베트남식 소셜리제이션이다. 우리나라 기업이 베트남 정부에 피임약을 보내면 정부가 국민들에게 팔아준다. 베트남 전역에 인구국 지국이 있고, 그곳의 가족계획 담당자들이 팸플릿을 들고 다니면서 전국의 피임약 사용자들에게 공급하는 것이다. 놀랍지 않은가? 내가 "이게 가능한 일이냐, 국가가 이렇게 해도 되냐"고 물었더니 이게 소셜리제이션이라고 했다. 아직은 국가가 양질의 사회보장 서비스를 제공하지 못하니, 그 대신 좋은 기업을 찾아서 저렴하게 공급해주겠다는 것이다. 공식적으로 인구정책에서 중요도를 낮추기로 한 가족계획을 농촌 및 산간지역에는 계속 적용하는 이유도 여기에 있었다. 가족계획 정책을 중단하면 피임약 지원도 끊긴다. 그러면 상대적으로 가난한 농촌 및 산간지역에 피임약을 제공할 수 없게 되기에 제한적으로 정책을 유지한 것이다. 반면 가족계획이 중단된 도시지역의 거주자들은 원하는 경우 개별적으로 피임약을 구해야 한다.

여하튼 피임약을 공급하게 된 제약회사로서는 쾌재를 부를 일이다. 베트남 국민들은 정부 정책에 대한 순응도가 높으니 '국가 지정 피임약'이 된다면 엄청난 지원군을 등에 업고 거대한 시장에 진출할 수 있게 된다. 물론 국가가 개입하는 사업이니 무조건 저렴하게 공급해야 하겠지만, 수요가 워낙 크니 규모의 경제를 무시할 수 없다. 베트남에 진출하는 한국 기업이라면 반드시 가능성을 타진해보아야 할 기회 중의 기회다.

소셜리제이션이 피임약 공급에만 해당될까? 태어난 아이의 건강도 이제는 가족에게 무조건 맡기지 않고 국가가 관리해줄 가능성이 크다. 앞서 설명한 신생아 건강검진에도 소셜리제이션이 도입되는 것이다.

현재 베트남 정부는 건강 관련 사업과 교육사업에 대한 소셜리제이션을 중점적으로 추진하고 있다. 베트남의 인구정책이 '인구의 질'을 높이는 방향으로 흐르고 있고, 건강과 교육이야말로 인구의 질을 높이는 첨경이다. 그래서 이 두 영역에 해외의 좋은 기업을 알아보려는 작업이 진행중이다. 이에 따라 건강 분야에서 우리나라 피임약이 들어가는 것처럼, 교육 콘텐츠 또한 소셜리제이션 개념으로 채워지는 중이다. 해외 자본이 들어와서 교육 콘텐츠를 제공하는 것도 환영하고 있다. 내가 근무하는 서울대학교도 베트남 대학들과 교육 및 연구 교류를 활성화할 방안을 모색하는 중이다. 서울대학교뿐 아니라 다수의 사립대학들도 베트남 대학들과의 교류는 물론이고 베트남 현지 캠퍼스를 조성하는 것까지 고려 중이라는 소식도 있다.

이런 식의 사업이 보건부와 교육부 외에도 가능하지 않을까? 정부 차원의 프로젝트에 들어갈 수 있다면 꽤 괜찮은 사업방법이 될 듯하다. 물론 공공성을 잃어서는 결코 안 되고, 기업의 사회적 책무를 더욱더 강화해야 하는 것은 당연하다. 정부와 협력하는 것이므로 외국 기업은 만에 하나 실수라도 하거나 부정한 이익을 취득한다면 베트남 정부는 물론이고 대한민국의 국가적 체면을 깎아내리는 일이 될 수 있다.

생각보다 안정적인 정치구조

인구현상이라고 보기는 어렵지만 또 하나의 중요한 고려사항은 베트남의 정치상황이다.

우리나라와 달리 베트남은 사회주의 국가인 데다 이제 막 도약하는 신흥국이어서 정치체제에 대해 막연한 불안감이 드는 것은 어쩌면 당연한지도 모른다. 그러나 사업을 망설일 정도로 불안하지는 않다는 것이 내 경험에서 얻은 판단이다.

2018년에 베트남의 쩐 다이 꽝(Trần Đại Quang) 국가주석이 사망했다. 베트남은 대통령 격인 국가주석을 비롯해 총리, 당서기장, 국회의장 등 4명이 정치권력을 나눠 갖고 있다. 그중 정치서열 2위인 꽝 국가주석이 62세에 사망한 것이다. 공교롭게 그때 나는 베트남행 비행기에 있었는데, 공항에 내리니 아내의 문자가 와 있었다. 베트남에 이런 일이 있는데 지금 괜찮냐는 걱정이었다.

그런데 인구국에 갔더니 아무 동요 없이 예정대로 회의가 시작되었다. 궁금해서 물어봤다. "주석이 사망하셨다던데?" 그들도 당연히 알고 있었고, 빈소가 마련되는 대로 조문하러 갈 거라고 했다. 아니, 내 질문은 그게 아니라 나라에 혼란이 없겠느냐는 것이었는데. 그래서 다시 물었더니 아무런 문제없다고 했다. 주석의 건강에 문제가 있다는 건 이미 알려진 바고, 유고시 그의 권력은 다른 3명이 나눠 갖게 된다고 했다. 형식적이나마 비게 된 대통령 자리는 부통령에 의해 대체되었다. 하지만 이는 말 그대로 형식에 불과하다.

베트남은 사회주의 국가이므로 공산당이 장악하고 있다. 공산당 대의원은 12차 전당대회 기준으로 1510명, 중앙위원은 194명, 정치국원은 17명이다.[8] 정치국원에는 앞서 말한 권력 4인방을 비롯해 주요 장관들이 참석하며, 여기에서 국가의 주요 정책이 결정된다. 우리와 정치제도가 다르기 때문에 낯설기도 하고, 4인 과두제 체제이니 소위 '라인'이 복잡할 것이라 우려할 수도 있다. 그러나 과두제이기 때문에 누구 한 명 때문에 정치적 위기가 초래될 위험은 외려 적다. 같은 사회주의 국가라도 중국은 당 서기장에게 모든 권력이 집중되고 북한도 그러한데, 이런 나라는 지도자 개인의 거취에 따른 리스크가 크다. 그런 측면에서는 베트남의 정치가 더 안정적인 편이다.

그런데도 한국 사람들은 베트남의 정치가 불안할 거라고 막연하게 (그러나 강력하게) 믿곤 한다. 아마 우리가 사회주의를 교과서나 언론을 통해 간접적으로만 접해서 실상을 전혀 모르기 때문이 아닌가 싶다. 그러나 생각해보라. 우리가 베트남 여행을 갈 때 사회주의 국가임을 의식하고 가는가? 전혀 아니다. 우리에게 베트남은 여행지이고 경제협력의 파트너로서, 우리나라와 크게 다르다는 인상은 아니다. 공항에 내려서 볼 수 있는 모습에서도 사회주의라는 느낌을 받기 어렵다. 우리만큼이나 자본주의 국가 같다. 쿠데타를 일으킬 만한 군부세력이 존재하지 않는다는 것 또한 정치적 안정성을 높이는 요소다.

베트남 기업은 언제 한국 기업의 경쟁자가 될까?

베트남의 비인구 요소로, 베트남 기업의 성장 가능성도 생각해볼 사안이다. 중국에 진출했다가 중국 기업의 맹추격에 놀란 경험이 있는 한국 기업들은 베트남에서도 같은 일을 겪을까 염려한다. 일단 당분간은 베트남 기업이 경쟁자로 부상할 가능성은 낮아 보인다. 물론 중국에 비해 가능성이 낮다는 것이지, 아예 안 나온다고 생각하면 안 된다. 자국기업은 언젠가 나올 수밖에 없다.

그리고 한편으로는 베트남에서 경쟁력 있는 기업이 생겨나는 게 궁극적으로 우리 기업에도 도움이 되지 않을까 생각한다. 지금 당장은 우리나라 기업이 독점적으로 활동할수록 좋겠지만, 10~20년 후에도 한국 기업들이 잘나가게 하려면 현지 경쟁자가 필요하다. 나아가 우리나라 기업도 그곳에서 자리 잡은 다음에는 아예 베트남 기업이 되어 움직이는 게 유리하다. 생산도 그곳에서 하고 판매도 그곳에서 하고, 지역사회가 요구하는 기업의 책임도 다하면서 말이다. 언제까지 외국 기업 신세로 남아 있을 것인가. 그건 기업에는 물론 우리나라에도 좋지 않다.

현재 우리는 일본을 추격하다 속도를 못 내고 주춤하고 있고, 그러는 사이에 중국이 턱밑까지 쫓아와 버렸다. 지금 베트남의 경제발전 속도가 엄청나서 언젠가 중국처럼 우리나라를 추월하지는 않을까 경계하는 사람들도 있을지 모르겠다. 하지만 나는 베트남의 성장속도가 지금보다 더 빨라져서 20년 후에 우리가 걱정하는 사태가 일어난다면 오히려 우리에게도 도움이 될 거라 생각한다. 중국이 우리나라를 추격한 것은 우리나라가 그래도 젊을 때 일어난 일이어서 문제였지만, 우리나라가 완전히 고령화된 다음에 베트남의 경제가 오늘날 한국만큼 발전하는 것은 전혀 사정이 다르다. 오히려 우리에게 이익이 된다는 의미다.

어떤 점에서 베트남의 성장이 우리에게 이익이라는 걸까? 대학을 예로 들어 설명해보겠다.

지금 내가 근무하는 서울대학교는 세칭 대한민국 1등 대학이다. 아시아에서도 5위 안에 든다고 자부한다. 그런데 지금처럼 가면 과연 서울대학이 갖고 있는 학문적 수월성이 15년, 20년 후에도 유지될 수 있을까? 천만의 말씀이다. 서울대의 수월성은 학부로부터 나오는 것이 아니다. 전국의 대학에서 학문에 뜻이 있는 가장 재능 있는 학생들이 서울대학교 대학원에 진학해 석박사 과정에서 교수들과 함께 연구한 결과물로부터 서울대학교의 학문적 수월성이 생겨나는 것이다.

그런데 이미 서울대학교의 많은 전공은 대학원생을 못 받고 있다. 서울대 대학원에 학생이 안 들어온다. 학령인구가 줄어들어 서울대학교에서 박사를 해도 교수로 갈 수 있는 자리가 없는 상황이 이미 현실화됐기 때문이다. 여기에 몇 년이 지나면 2000년대 들어 시작된 초저출산 시대에 태어난 인구가 대학원에 들어올 만한 나이가 될 텐데, 아시다시피 그 인구 자체가 너무 적다. 대학에서 연구 기능이 온전히 수행되려면 대학원생이 있어야 한다. 교수가 모든 연구를 혼자 다 할 수 있는 것이 아니니 당장 연구기능에 비상이 걸린다.

그래서 대안으로 외국 학생들을 받는다. 하지만 이때는 서울대학교에 지원하는 외국 학생들이 한국 학생들만큼 우수한가 하는 문제가 대두된다. 대학원쯤 되면 이 또한 글로벌 경쟁이라 우수한 학생들은 미국 등 세계 1등 대학으로 간다. 그러면 서울대학교는 어떻게 해야 할까?

장고(長考) 끝에 내가 내린 결론은 차라리 우리가 직접 해외에서 우리 인재를 키우자는 것이다. 특히 우리나라처럼 교육열도 높고 발전 가능성이 충분한 베트남은 최적의 대상이다. 서울대학교가 직접 하노이나 호치민 시에 가서 그곳의 교육수준 향상에도 기여하고 우리나라와 베트남은 물론 글로벌 수준의 인재가 될 수 있는 대학원생을 뽑아 서울대학교에서 석사, 박사를 양성하는 것이다.

내가 이러한 생각을 서울대학교 구성원들과 함께 나누면 반응은 크게 두 가지로 나뉜다. 하나는 "어떤 교수가 거기까지 가서 강의를 하려 하겠나?"는 것이고 다른 하나는 의견에 적극 동의하고 서둘러 추진하자는 것이다. 누가 베트남까지 가서 강의를 하겠느냐고 반문하는 분들께 나는 이렇게 답했다. 2030년대에 우리나라의 19세 인구는 40만여 명밖에 되지 않는다. 2040년에는 30만 명도 채 안 될 것이다. 반면 베트남은 140만~150만 명이 있다. 게다가 높은 수준의 고등학교 교육도 받았다. 이뿐이 아니다. 인도차이나 반도에서 베트남은 맹주라 해도 과언이 아니다. 만일 서울대학교 하노이 혹은 호치민 캠퍼스가 조성되면 여기는 베트남의 인재뿐 아니라 라오스, 캄보디아, 미얀마 등 인도차이나 반도의 인재가 오는 대학이 될 수 있다. 그렇게 되면 140만~150만 명이 아니라 거의 300만 명 가운데 최고의 인재가 모일 것이다. 그렇게 되면 2040년에 서울에 있는 서울대학교가 더 좋은 인재를 받을 수 있을까, 아니면 하노이나 호치민 시의 서울대학교가 더 좋은 인재를 받을 수 있을까?

다행스럽게도 서울대의 많은 구성원들은 회의적인 반응보다는 가능성을 적극적으로 타진해보는 쪽이다. 아직까지는 구상 차원일 뿐 서울대학교가 공식적으로 베트남 대학들과 교류를 넘어 캠퍼스도 함께 조성한다는 계획을 세운 바는 전혀 없다. 하지만 많은 구성원의 뜻이 모이면 불가능한 일도 아니다. 10년 후, 어쩌면 서울대학교 하노이 혹은 호치민 캠퍼스에서 수많은 베트남의 인재들이 우리나라와 베트남, 그리고 전 세계를 선도할 능력을 키우는 모습을 볼 수도 있지 않을까?

베트남에 적용하거나 응용할 수 있는 분야가 비단 교육뿐이겠는가. 우리나라에서 전성기를 구가하고 성숙기에 접어든 산업은 대부분 가능하다. 국내에서 치열한 경쟁을 거치며 다져온 매 단계마다의 성장전략이 있고, 오랜 세월 시행착오를 거치며 쌓은 노하우가 있다. 이것을 베트남 소비시장의 발달단계에 맞게 적절히 적용해볼 수 있을 것이다. 한국의 노동력이 베트남에 가서 일할 기회를 제공하면서 말이다.

물론 산업의 발전단계는 저마다 다르다. 아직 베트남 금융산업이 발달하지 않아 외국자본이 주로 들어가고 있지만 유통에서는 자국 브랜드가 더 빨리 나타날 것이다. 자동차 생산에도 도전장을 내민 상태다. 자국 브랜드는 애국심에 호소할 수 있다는 이점이 있다. 이럴 때 우리나라에서 진출한 기업이 외국 기업이 아니라 베트남 기업으로 전환하는 데 성공한다면 승산이 있지 않을까.

결론적으로 말해 베트남 기업이 언제 우리 기업의 경쟁자가 될 것인지를 물었던 질문에는 답이 없다. 질문이 틀렸기 때문이다. 오히려 베트남 기업이 더 성장해야 미래의 우리나라에 도움이 될 가능성이 높다. 우리나라가 중국에 진출했을 때와는 상황이 완전히 다르다는 점을 잊지 말자.

가난한 정부의 청렴성을 높이려면?

그렇다면 베트남은 온통 기회의 땅이기만 할까? 설마, 그럴 리는 없다. 커다란 기회 못지않은 리스크도 있다.

가장 큰 리스크는 정부가 가난하다는 것이다. 국민은 급격히 부유해지고 있는데 정부는 여전히 가난하다. 내가 인구국의 요청을 받아 조언도 해주고 한국의 관계부처도 소개해주고 한다니까 의아해할 분도 있을지 모른다. 정부관료가 외국인 교수에게 뭘 이렇게 많이 부탁하나 싶어서 말이다. 선진국에 자문을 구하려는 목적도 물론 있지만, 한편으로는 예산이 없어서이기도 하다.

우리나라 사람들의 시각으로 보면 결코 좋은 그림은 아니다. 한국인 대다수는 정부가 사회보장제도를 포괄적으로 늘려가기를 원한다. 그러려면 국가가 힘이 있고 돈도 많아야 한다. 그러나 베트남 사람들도 우리처럼 생각한다고 예단해서는 안 된다. 오히려 베트남은 열심히 일한 사람이 돈을 더 벌어야 한다는 인식이 강하다. 체제 자체는 사회주의이지만 자본주의적 마인드는 우리보다 베트남이 더 강한지도 모른다.

이처럼 부를 대하는 가치관이 다르고 국가 정책이 다르고 관행이 다르기에, 우리나라 잣대로 보면 '이래도 되나' 싶은 순간도 있다. 예컨대 앞에서 말했듯이 베트남 교사는 방과후에 자기 집에서 학생들 과외수업을 할 수 있다. 공립병원에서 진료를 보는 의사들도 자기 개인병원을 따로 운영한다. 이제 막 도약하는 단계인 터라 갑자기 많은 돈이 돌면서 각종 유착과 로비도 생겨나고 있다.

한국의 어느 금융기업에서 들은 이야기다. 베트남에 진출하려고 현지 은행 인수를 추진했는데, 2년이 다 되도록 지지부진하다고 했다. 이유를 물었더니 이른바 '뒷돈' 때문이란다. 그것도 상부에만 넣는 게 아니라 위에서부터 아래까지 라인마다 다 필요하다는 것이다. 우리나라 잣대로는 엄연한 불법이지만, 베트남에서는 음으로 양으로 허용되는 것들이 있는 게 사실이다. (사실 우리나라도 과거는 물론이요 현재도 그리 다를 바 없다고 느끼는 독자들도 많을 것이다.)

짐작건대 이는 식민지 시절을 거치면서 프랑스 관료들의 좋지 않은 관행을 학습한 것으로 보인다. 그래도 긍정적인 측면은, 부패한 상사 한 명의 전횡으로 엉뚱하게 의사결정이 될 위험은 상대적으로 적다는 것이다. 이는 로비에서만 그런 것이 아니라, 베트남인들의 기질에서 기인한 특성이기도 하다. 윗선의 지시가 부당하다고 생각하거나 충분히 납득되지 않으면 하급자라도 지시에 무조건 따르지는 않는 편이다. 의사결정자뿐 아니라 실무자들도 일일이 설득하고 납득시켜야 프로젝트가 원만히 진행될 수 있다는 것이다.

여하튼 베트남에서는 모든 관문마다 설득과 로비가 필요하다. 그렇다면 베트남에 진출한 우리 기업들도 '로마에서는 로마 법'이라며 베트남 관행에 따라야 할까? 실제로 그런 상황에 맞닥뜨려보면 판단하기가 결코 쉽지 않다. 앞서 말한 금융기업 말고도 실컷 진출계획을 마련하고 현지 기업과 MOU 약속도 다 해놨는데 마무리가 안 되어 지지부진한 경우가 더러 있는데, 알고 보면 로비 때문인 경우가 있다. 우리나라 기업의 윤리규정에는 로비를 엄격히 금하고 있는데 베트남에 진출하려고 내부 규정을 어길 수는 없으니 말이다. 베트남 관료들이 뒷돈이 아니라 공식화된 혜택을 요구한다면 투명하게 집행할 수 있으니 들어주기가 쉽겠지만, 음성적인 거래에는 응할 수 없으니 딜레마가 있는 것이 사실이다.

어찌 보면 우리나라 기업만의 문제는 아니다. 일본 기업에도 윤리규정이 있을 터이고 유럽 기업도 그럴 것이다. 다들 법을 어길 수 없어서 못 들어가는 시장이 있는데, 만약 누군가가 그 틈을 비집고 들어간다면 눈앞에서 기회를 잃게 될 수도 있다. 예컨대 중국 기업들이 그럴 수도 있다. 지금은 베트남과 중국과의 관계가 좋지 않지만, 자본의 논리상 언제까지나 중국을 외면하기는 어려울 것이다. 꽌시 관행이 살아 있는 중국은 우리보다는 로비 등에 대한 거부감이 약할 터이니 중국 기업들이 베트남에서 의외의 기회를 잡을지도 모른다. 물론 그 전에 베트남의 청렴도가 더 올라가는 쪽이 가장 이상적이겠지만 말이다.

2040년까지는 계속된다, 그다음은?

지금까지 베트남의 미래를 결정할 주요 인구현상 및 비인구 현상을 살펴보았다. 그렇다면 베트남의 정해진 미래는 무엇인가? 이미 말씀드린 내용이지만, 다음 사항을 감안해보면 알 수 있다.

첫째, 인구와 경제개발 간의 관계 면에서 살펴보면 베트남은 분명히 기회의 땅이다. 인구의 크기, 연령분포, 교육수준 모든 면에서 베트남은 아세안 국가 가운데 1등이다. 특히 교육은 현재수준보다 발전속도가 더 중요한데 이 점에서도 베트남은 괄목할 만하다.

둘째, 정부의 인구정책 방향이 가족계획에만 매몰되지 않고 출생아 규모를 맞추며 안정적인 인구구조를 추구하고 있다는 점도 긍정적이다. 아울러 균형발전의 중요성을 인식하고, 도시만 비대해지지 않도록 농촌지역 개발을 병행하는 등 인구정책의 시야가 넓다.

셋째, 비인구 현상 중 염두에 둘 사항이 몇 가지 있다. 우선 정치적으로 안정돼 있고 그런 정부를 국민들도 믿고 따른다. 높은 교육열도 베트남의 미래를 밝게 한다. 농촌 및 인도차이나 반도의 풍부한 배후인구에서 의외의 기회를 찾을 수 있다는 점도 매력적이다.

넷째, 리스크 요인을 간과해서는 안 된다. '가난한 정부'라는 리스크를 비롯해 공무원의 부패, 자국기업 약세, 낮은 대학교육 수준 등을 충분히 고려한 후 어떻게 대응하고 극복할지 생각해 두어야 한다.

결론적으로 시장으로서 그리고 노동력 공급처로서 베트남은 매우 매력적이 협력 파트너임에 틀림없다. 더욱 중요한 것은 현재가 아니라 미래의 성장 가능성이 더욱 크다는 점이다.

물론 정치체제가 우리나라와 전혀 다르고, 기후도 우리에 비해 덥고, 일에 대한 개념도 같지 않다. 그럼에도 최소한 인구의 측면에서 베트남은 불확실성보다는 가능성이 더 큰 곳이다. 앞에서 밝혔듯이 베트남은 과거 우리나라의 발전모델을 통해 미래를 예측해볼 수 있는 몇 안 되는 나라 중 하나다. 더욱이 단기간에 인구구조가 요동치면서 위기감을 느끼고 있는 우리나라와 달리 일찌감치 인구정책을 펼침으로써 선진국 못지않게 안정적인 인구구조를 형성했으니, 베트남에서는 인구가 위협적인 '변수'가 아니라 경제를 뒷받침하는 든든한 '상수'가 되었다. 인구변화에 대한 대응이 빠르고 인구를 통해 미래를 개획하려는 마인드도 있는 만큼 국가발전에 도움이 되는 인구구조를 만들 것은 자명해 보인다. 현재의 인구구조로 볼 때 적어도 2040년까지는 안정적인 성장을 이어간다는 것이 인구학적 관점에서의 결론이다.

그 뒤로는 어떻게 될까? 어느 정도까지 발전할까? 우리나라와 어깨를 나란히 하게 될까?

인구학적으로 볼 때 우리나라만큼 발전하기는 어려울 것이다. 현재 베트남의 1인당 국민소득이 명목소득으로 2600달러 정도이며, 내가 보기에 큰 변수가 없는 한 앞으로 9000달러까지는 무난히 성장할 것 같다. 베트남 정부는 2035년께 1인당 GDP 1만 달러를 달성할 것이라는 예상을 내놓기도 했다.[9] 그러나 1만 달러 고지를 넘으려면 많은 도전과제를 극복해야 할 것이다. 가장 큰 이슈는 단기간에 교육수준을 끌어올릴 수 있는가다. 123쪽 〈도표 22〉에서 보이는 가파른 교육수준 상승세는 베트남에 인구배당 효과가 올 수밖에 없는 이유를 설명해준다. 이 흐름이 앞으로도 계속, 특히 고등교육의 질을 높이는 데까지 이어지지 않으면 베트남 정부가 주창한 1만 달러 목표를 달성하기 어려울 수도 있다. 베트남도 고등교육의 필요성을 절감해 많은 노력을 기울이고 있다. 그들의 시도가 성공하여 고급인재가 많이 나온다면 2040년 이후에도 발전을 점쳐볼 수 있을 것이다.

투자를 위해서든 사업을 준비하든, 베트남에 대한 관심이 유례없이 높아지고 있다. 그러나 각종 언론매체나 투자설명회를 통해 알려지는 이야기가 지나치게 투자나 수익에 편중돼 있어, 베트남 사회와 경제발전을 이해하는 데 필요한 다양한 정보가 충분히 전해지지 못하는 듯하다. 단편적인 정보는 엉뚱한 의사결정을 낳기에 경계해야 한다. 예컨대 많은 이들이 베트남의 부동산에 투자하면 당장 큰 이익을 볼 것처럼 말하는데, 과연 사실일까? 한국인에 대해 베트남 사람들은 어떤 감정을 갖고 있을까? 2장에서는 기업이나 개인들이 베트남에 관해 내게 가장 많이 물었던 질문들을 소개하겠다. 단편적인 정보를 넘어 보다 넓은 시야, 추상적인 숫자 이면의 베트남의 실제 모습을 전달하고자 노력했다.

베트남, 이것이 궁금하다

베트남의
중산층 기준은?

한국에는 이른바 '계급'이란 말이 일상적으로 통용되고 있다. 금수저·흙수저도 일종의 계급론이다. 이보다 가치중립적인 표현이라면 '중산층(middle class)'이 있을 것이다. 집 크기, 자가용 소유 여부, 자산규모 등으로 중산층인지 아닌지를 구분한다. 과거에는 조사를 해보면 조금 못살아도 '나는 중산층'이라고 대답하는 이들이 많았는데, 지금은 거꾸로 어느 정도 살 만해도 '내가 무슨 중산층이냐'며 고개를 젓는 사람이 많다.

어느 시장에서든 성공하려면 내 제품 혹은 서비스를 사줄 수 있는, 구매력 있는 소비자들이 많아야 한다. 그래서 우리 사회에서도 중산층을 '경제의 허리'라고 표현한다. 사회주의 국가인 베트남에서는 중산층처럼 사회 경제적인 지위를 나타내는 개념이 있을까? 또 중산층의 기준은 무엇이며, 이에 해당하는 인구규모는 어느 정도 될까?

우리나라에서는 계급이나 계층이 사회적으로 매우 중요한 경제적 지위를 가리키는 말이 되었지만 베트남에서는 전혀 그렇지 않다. 오늘날 베트남에서 계급은 박제화된 개념이라 할 수 있다. 계급을 지칭하는 '자이껍(giai cấp)'이라는 용어가 있지만 정부 규정이나 정부의 발표문에 '노동자계급은 나라를 지도하는 계급이다', '농민계급은 국가의 중추다'라는 식으로 쓰일 뿐 일상생활에서 실제로 사용되는 개념은 아니다. 많은 노동자를 고용할 수 있는 사용자를 '다이자(đại gia)'라고 일컫지만 이는 돈 많은 사람(rich man)을 가리키는 것일 뿐 우리나라에서 말하는 식의 계층이나 계급으로 인식되지 않는다. 결과적으로 '중산층'처럼 자산규모를 가늠할 수 있는 정해진 사회적 개념은 없다는 뜻이다.

어찌 보면 이 또한 체제의 특성 때문이 아닌가 싶다. 농민 계급, 노동자 계급, 지식인 계급이 있지만 구분을 위한 것일 뿐 부의 크기를 기준으로 서열화하는 개념은 아닌 것이다.

물론 베트남에도 빈부격차가 있고 점점 심각한 사회문제가 되고 있다. 사회와 경제가 발전할수록 있는 사람은 갈수록 부자가 되고 없는 사람들 일부는 갈수록 가난해진다. 전 세계 부자 리스트에 베트남인도 2~3명 있는 반면 하루 10달러 이하로 생활하는 사람들도 있다. 베트남 정부도 소득에 따라 가구를 구분하고 저소득 가구를 대상으로 빈곤퇴치 정책을 펼치고 있는데, 이때 사용되는 개념 역시 계급 혹은 직업적 지위 혹은 위신에 따른 구분이 아니다. 이것은 단순히 1인당 혹은 가구당 소득을 분별하는 정도의 용도일 뿐이다. 빈부격차를 구분할 수 없으면 빈곤퇴치를 할 수 없고 사회보장 정책을 세울 수 없으니 적용하는 것일 뿐, 우리나라처럼 언론에 자주 등장하거나 진보니 보수니 하는 이념적 갈등에 적용되는 실질적 개념은 아니다.

그런데 우리나라에 소개된 수많은 베트남 투자정보에는 '베트남 중산층이 증가한다'는 내용이 있지 않은가? 이는 대부분 보스턴컨설팅그룹이나 닐슨 등 글로벌 분석회사에서 도출한 내용이다. 베트남의 맥락에 맞게 표현한다면 이는 중산층이라기보다는 중간 정도의 소득을 가진 사람 혹은 가구를 의미한다. 보스턴컨설팅그룹은 2017년 베트남 중산층(실제는 중간 정도의 소득수준을 가진 사람)의 소득을 월 714달러로 분류했다.

베트남의 중산층 개념이 어떻게 규정되든지 간에 중요한 사실은 베트남 전체의 소득수준이 빠르게 높아지면서 중간 정도의 소득을 가진 사람들 혹은 가구도 매우 빠르게 증가하고 있다는 것이다. 미국과 유럽 여러 나라의 투자정보회사들은 하나같이 이 점을 베트남에 투자해야 할 중요한 이유로 꼽고 있다. 중간 정도 소득을 가진 사람들의 수가 늘어나면 그만큼 구매력이 있는 소비자가 시장에 더 많아진다는 것을 의미하기 때문이다.

세계은행은 베트남의 신흥 중산층이 전체 인구의 13%를 차지하며, 2026년에는 26%에 이를 것으로 전망한 바 있다. 물론 이때 사용한 중산층이라는 개념도 중간 정도 소득을 가진 가구를 의미한다. 베트남의 저명한 경제학자이자 재무부의 정책자문인 롱(Ngô Trí Long) 교수도 2018년 언론과의 인터뷰에서 현재 베트남에는 매년 150만 명이 중산층으로 새롭게 편입되고 있다고 말한 바 있다. 2018년 베트남의 1인당 평균소득은 약 2600달러 수준이다. 월 200달러가 조금 넘는다. 구매력지수로 하면 약 6500달러로, 월 540달러 정도다.

많은 사람들은 베트남 국민들이 이 정도 소득으로 살아가는구나 하고 생각하지만 이는 오산이다. 앞에서 말한 것처럼 보스턴컨설팅그룹은 월 약 700달러를 중산층의 기준으로 놓았지만, 베트남 현지 경제전문가들은 중간 정도의 소득을 가진 사람들을 월 1500~2000달러가량 버는 것으로 보고 있다.[1] 이 정도의 소득을 가진 사람들이 현재 베트남 전체 인구의 15%이니 거의 1500만 명에 이르고, 매년 150만 명이 더 늘어나고 있는 추세다. 시장으로서의 베트남에 대한 생각이 좀 바뀌지 않는가?

베트남
근로자들은
저임금이다?

베트남 근로자들과 관련해서 기업으로부터 혹은 지인들로부터 늘 받는 질문들이 있다. 예컨대 이런 것이다. '베트남 근로자는 부지런하고 쉽게 친해질 수 있다는데 사실인가?' 베트남 근로자들이 우리나라 근로자들처럼 부지런하게 일도 잘하고 지내기도 좋으면 고용주 입장에서는 당연히 좋을 것이다. 어떨 것 같은가? 오해일까, 진실일까?

물론 베트남 근로자들은 부지런하다. 쉽게 친해질 수도 있다. 하지만 한국 기업이 기대하는 것과는 어긋나는 지점이 있다고 한다. 베트남 사람들은 부지런하고(diligent) 똑똑하고(smart) 재주 많고(skillful) 친절하다(friendly)고 알려져 있는데, 여기에 이면이 있다는 이야기다. 이를테면 다음과 같다.

부지런하지만, 쉽게 안주한다(diligent but easy to be satisfied). 목표를 좀 더 높이 정하고 힘들더라도 추진해야 하는데 끝까지 가지 않고 적당히 만족한다는 것이다.

똑똑하지만 열심히 일하지 않는다(smart but not work fully).

재주가 많지만 숙련되지 않았다(skillful but superficial).

친절하지만 오래가지 않는다(friendly but not durable).

이 내용을 적어준 지인은 다름 아닌 베트남 사람이다. 그에게 한국 사람들이 '베트남 사람은 이렇고 저렇고'라고 품평한 내용이 대체로 이와 같았던 모양이다. 실제로 베트남 근로자들을 고용한 한국인들 가운데 썩 만족하지 못하는 경우도 있다고 한다.

하지만 그 친구가 내게 해주고 싶은 말은 이것이 아니었다. 한국인의 눈으로 본 베트남 사람은 대충대충이고 열심히 일하지 않고 미숙련이며 친절함이 오래가지도 않는다고 생각하지만, 베트남 사람들은 결코 그렇게 생각하지 않는다는 것이다. 실제로 오늘날 베트남 사람들은 과거와 비교했을 때 스스로를 더 부지런하고 똑똑하고 재주 많고 친절하다고 여긴다.

일하는 방식을 포함한 모든 문화는 상대적이다. 다른 나라 기업이 우리나라 근로자를 보며 '똑똑하지만 대충 일한다'고 생각할 수도 있지 않겠는가. 실제로 우리나라 근로자들이 노동시간은 긴데 생산성은 낮다는 비판성 기사들이 잊을 만하면 나오고 있다. 그러니 우리나라 사람들이 '베트남 사람들은 일도 제대로 안 하고~'라며 섣불리 재단할 일은 아니라고 생각한다. 사고의 기준을 베트남으로 바꿔보면 그들에게서 충분히 부지런하고 똑똑하고 재주 많고 친절한 면면을 발견할 수 있을 것이다.

베트남의 노동력과 관련한 또 하나의 통념은 '베트남 사람들은 임금이 낮다'는 것이다. 물론 맞는 말이다. 베트남의 최저임금 인상률은 2017년에 7.3%, 2018년에는 6.5%, 2019년에는 5.3% 수준이다. 우리나라가 최근 16.4%(2018년), 10.9%(2019년) 인상한 것과 비교하면 매우 낮은 수준이다. 우리나라의 인상폭이 이례적으로 높았음을 감안하더라도 말이다. 하노이와 호치민의 최저임금도 약 180달러 정도로 무척 낮은 수치다. 배후인구가 많고 정부가 최저임금 인상을 정책적으로 막고 있기 때문에 베트남의 임금경쟁력은 앞으로도 꽤 오랫동안 유지될 것으로 보인다.

단, 이것은 말 그대로 '최저임금'에 근접한 저임금 노농자들의 경우다. 전문직은 사정이 전혀 다르다. 전문직, 관리직, 기술직은 최근 해마다 20~26%씩 임금이 오르고 있다. 미래를 예측할 때에는 현상황 못지않게 변화속도를 함께 보아야 한다고 하지 않았는가. 현재 베트남의 임금 수준은 매우 낮지만, 임금이 인상되는 속도는 엄청나다. 특히 전문직 임금인상률은 아시아 국가들 가운데 가장 높다.

베트남에 진출한 한국 기업이 구하고 싶은 현지 인력은 어느 쪽이겠는가? 최저임금을 받는 단순직일까, 전문직이나 기술직일까? 대부분 숙련된 근로자를 찾는다. 영어도 잘해야 하고, 한국인과도 소통이 가능해야 한다. 만약 영어도 잘하고 베트남어도 잘하는 한국인이 있다면, 이 사람에게 월급여로 얼마를 지급해야 적절할까? 2000달러? 한화로 약 240만 원 주고 그런 인력을 구할 수 있을까? 쉽지 않을 것이다.

똑같다. 베트남에서 영어도 잘하고 한국말도 할 줄 아는 사람을 구하려면 당연히 돈이 많이 든다. 그런데 우리는 그런 생각을 하지 않는다. 한국인의 급여보다 무조건 낮출 생각을 한다. 베트남 임금은 낮으니까 몇 백 달러면 그런 사람 구하지 않겠나 하는데, 천만의 말씀이다.

이 말은 두 가지 의미가 있다. 하나는 베트남에서도 고급인력을 쓰려면 고임금을 각오해야 한다는 것이고, 다른 하나는 베트남에도 고임금을 받는 사람들이 늘고 있다는 것이다. 그에 따라 소비도 늘어날 것이다. 즉 베트남을 생산기지로만 생각할 게 아니라 소비시장으로도 바라보아야 한다는 말이다.

베트남에서
명문대학이란?

앞서 베트남의 발전을 가로막는 가장 큰 리스크 요인으로 부실한 대학교육을 꼽았다. 베트남 또한 대학교육의 필요성을 절감하고 육성에 뛰어들었다. 그에 따라 사교육 시장도 꿈틀대고 있다. 사교육 시장에 진출하려면 그 사회가 대학진학에 얼마나 열의를 품고 투자하는지 알아야 한다. 과연 베트남의 교육열은 대학입시 경쟁을 어디까지 끌어올리고 있을까?

일단 알아둘 사실은 베트남 사회에서도 소위 일류대학 졸업장은 더 좋은 직업, 더 좋은 삶을 보장하는 티켓과 같다는 것이다. 그렇다면 베트남 학생들도 일류대학에 지원했다가 떨어지면 재수를 하며 재차 지원할까? 물론 그런 경우도 있지만 현재로서는 좋은 대학이 많지도 않고, 한국처럼 좋은 대학에 목을 매는 현상도 아직 눈에 띄지 않는다. 앞에서도 말했듯이, 수능을 망치면 재수를 할 수도 있지만 그렇게까지 해서 명문대학에 진학하려는 학생들은 극소수이고 대부분 전문대학에 진학하거나 아예 대학을 포기한다. 대도시에 사는 대다수 부모들은 가급적 자녀를 대학교까지 가르치려 하고 더러는 재수를 종용하기도 하지만, 사회적 분위기라고까지 할 정도는 아니다. 특히 농촌에서는 대학은 갈 수 있으면 좋지만 못 가도 크게 상관하지 않는다. 직업학교에 가서 기술을 배우면 되기 때문이다.

요컨대 무조건 대학에 들어가야 한다기보다는 어떻게 하면 취직할 수 있는지, 어떻게 하면 고소득을 올릴 수 있는지가 더 본질적인 고민이다. 우리나라도 잘 사는 것이 본질적인 고민인 점은 똑같지 않은가? 잘 살기 위해 기를 쓰고 대학에 가려는 것이고 말이다. 그러나 아직까지 베트남에서는 반드시 대학을 나와야 성공할 수 있는 것은 아니다. 대학이 성공으로 가는 보증수표인 것은 맞지만, 대학을 나오지 않아도 성공할 수 있는 길 또한 여전히 많다.

대학에 목숨 걸지 않는 이유에는 대학이 아직 큰 힘이 없다는 사실 외에 전통적 가치관도 한몫한다. 공부는 평생 하는 것이라는 생각이 사회에 깊이 뿌리 내려 있어서, 고등학교를 졸업하면 여건이 되건 안 되건 반드시 곧장 대학에 가야 한다며 무리하지는 않는다. 상황이 여의치 않으면 돈을 먼저 벌고 여건이 되면 다시 공부를 시작할 수도 있다고 생각한다.

그렇다면 먼저 취업해서 돈을 번 다음에 대학에 가려고 하는 사람에게 대학이 쉽게 문을 열어줄까? 아쉽게도 아직은 그렇지 않다. 사회인을 위한 별도의 전형방식이 있는 게 아니라 고3 혹은 재수생과 똑같이 시험을 치르고 합격해야 한다. 공평하다면 공평하달 수 있지만, 매일 밥 먹고 공부만 하는 수험생과 주경야독하는 직장인이 같은 조건으로 경쟁해야 하니 진학이 쉽지 않은 것이 사실이다(우리나라도 별반 다르지 않다). 그럼에도 TV 뉴스를 보면 나이 지긋한 분이 시험장에서 시험 보는 장면이 전파를 탄다. 이들이 젊은이들을 제치고 명문대학에 진학할 가능성은 거의 없지만 말이다.

이외에 직장인이 일하면서 공부할 수 있는 방안으로 따이쯕(Tại chức) 제도가 있다. 일종의 야간대학이다. 다만 입시경쟁을 뚫고 입학한 게 아니어서 입학은 쉽지만 사회적인 차별이 있다.

생각해보면 과거 우리나라도 일하면서 야간대학에 다니는 직장인들이 적지 않았다. 우리가 흔히 말하는 '58년 개띠'들 가운데 고등학교를 졸업하고 곧장 대학에 간 사람은 남자가 22%, 여자가 9% 정도밖에 안 됐다. 그런데 오늘날 60대가 된 이들의 학력을 보면 남자는 35%, 여자는 20%가 대졸 이상이다. 고등학교를 졸업하고 바로 진학하지는 않았지만 나중에 어떻게든 대학을 다 나온 것이다. 물론 명문대에는 못 가고 진학 가능한 대학에 맞춰서 갔을 것이다. 그 연령대에서는 대학을 반드시 갈 필요는 없지만 어쨌든 대학을 나오면 승진에 도움이 되니 굳이 서울대가 아니어도 되었던 것이다. 지금 베트남의 대학이 이런 모습이다.

지금은 베트남에서 대학교육이 성공의 필요조건은 아니지만, 점점 대학 졸업장이 중요해지면 경쟁이 치열해질 수밖에 없다. 베트남이 더 발전하면 좋은 대학에 가고 싶어 하는 사람도 더 많아질 것이다. 여기에 베트남에는 이미 대학도 많아서 일반대학과 전문대학을 합치면 450곳이 넘는다. 대학이 많아지면 자연스레 순위가 매겨지며 서열화되고, 여기에 수요도 늘어나면 입시경쟁이 치열해질 수밖에 없다.

모두가 대학을 나와야 하는 사회는 아직 아니라고 했지만, 일단 대학에 진학하기로 마음먹은 이들은 지금도 한국만큼 치열하게 대입준비를 한다. 하노이와 호치민에 각각 소재하는 베트남국립대학교, 하노이백과대학교, 호치민의 똔득탕(Tôn Đức Thắng) 대학교, 하노이의 외상대학(Foreign Trade University) 등 명문대학에 진학하려는 학생들은 하루 종일 학원에서 과외수업을 받는다. 학원비도 꽤 비싸다. 대입 시험문제 중 일부는 학원에 다니지 않으면 풀 수 없기 때문에 좋은 대학에 합격하려면 사교육을 받을 수밖에 없는 것이 현실이다.

선호하는 학과도 비슷하다. 졸업하고 나서 취직이 쉽고 고소
득이 보장되는 학과로 최근에는 의대, 법대, 백과대(공대)가 인기
다. 한국과 똑같지 않은가? 30여 년 전부터 이미 베트남에서도
의대가 최고였다. 지금은 의사자격증 국가시험을 도입하려는 단
계이지만, 아직까지 베트남에서는 의대를 졸업하면 곧바로 의료
행위를 할 수 있다. 의대 다음에 약대, 둘 다 어려우면 차선책으
로 백과대에 진학하곤 했는데, 10년쯤 전부터는 베트남 사회가
비즈니스의 중요성에 눈 뜨면서 경영학과가 주가를 올리기 시작
했다. 이처럼 시대별로 선호하는 전공도 조금씩 다르다.

베트남의 인구구조상 부동산 시장은 언제 성장할까?

베트남의 부동산 시장, 특히 하노이와 호치민의 주택시장은 모든 투자자들의 공통 관심사다. 하노이와 호치민의 주택시장은 지속적으로 성장할 것이 분명하다. 베트남인들의 소득이 갈수록 높아지고, 소득이 높을수록 집을 구매하려는 욕구도 더 커지기 때문이다. 하노이와 호치민뿐 아니라 동나이나 하이퐁 등 대도시 주변의 위성도시들도 주택시장이 크게 성장할 것이다. 경제학적으로 보아도 그렇고, 인구학자의 시각으로 보아도 그렇다.

이런 상황이다 보니, 사람들에게 베트남에 대해 궁금한 것을 물어보라고 하면 빠지지 않고 나오는 질문이 있다.

"베트남에 아파트를 사라고 해서 샀는데 생각보다 왜 수익이 안 나죠?"

"베트남에서 음식점을 열면 인구가 많으니 잘될 것 같은데 왜 안 돼요?"

이런 질문을 벌써들 한다. 부동산이 뜰 거라는 말을 믿고 투자했는데 수익이 금방 안 생긴다며 투자를 권유했던 '그 사람'이 혹시 나쁜 사람 아니냐고 의심한다.

내가 들려드리는 대답은 그들이 기대하던 내용이 아닐 듯하다. 아파트 값이 당장 오르지는 않을 것이며, 그렇다고 '그 사람'들이 틀린 말을 한 것도 아니라는 이야기다. 시야를 장기적으로 두면 부동산은 무조건 성공한다는 말이 맞다. 21세기 자본의 법칙이 그러하기 때문에 베트남의 부동산 시장도 예외가 될 수 없다. 다만 오늘 투자해서 내일 500만 원이 오를 것이라 기대한다면, 이것은 잘못된 예측이다. 지금은 그럴 수밖에 없는 시기다.

우리나라 아파트 가격이 확 떴을 때, 자고 나면 1000만 원씩 올라 있을 때가 언제였는지 기억나는가? 강남에 아파트가 마구 들어서던 1980년대였을까? 그렇지 않다. 부동산이 개발되기 시작한 1970년대 이후 아파트 가격이 계속 많이 오르지 않았냐고 생각할지 모르지만, 그때까지는 비교적 완만한 증가세였다. 1987년에 대치동 은마아파트가 완공되었을 때, 사람들이 '저 아파트 갖고 싶다'고 생각했을 것 같은가? 오히려 '에이, 거기 가

봐야 뭐가 있겠어' 하고 심드렁해한 이들이 대부분이다.

도시 근로자들의 평균소득으로는 결코 살 수 없을 만큼 아파트 가격이 뛸 때는 2000년대 들어, 정확히는 2005년 이후다. 2000년대 이전에는 아파트 공급이 활발했기 때문에 물가에 비해 더 상승했을 뿐 미친 듯이 가격이 오르지는 않았다.

2000년대 들어 서울에는 아파트를 지을 땅이 더 이상 없어졌다. 그런데 정작 아파트의 주요 구매층인 40~50대 인구는 2000~15년 사이에 가장 커졌다. 1995년 서울에서 가구주가 40~54세이고 3~4명이 함께 사는 전형적인 가구의 수는 약 71만이었다. 이것이 2000년에는 약 77만, 2005년에는 약 80만으로 증가했다. 이때부터 국민들의 소득도 크게 올랐다. 아파트에 살고 싶어 하는 수요가 급증하니, 집값이 하루 자고 나면 100만 원, 1000만 원씩 오르지 않는 게 오히려 이상할 지경이었다. 여기에 '아파트 재개발'이라는 묘수가 등장해 아파트값 폭등을 견인했다.

은마아파트가 실제로 뜬 것도 1980년대가 아니라 2000년대 들어서다. 그 전에는 근처에 더 좋은 아파트들이 많았으니 은마아파트가 지금의 위세를 구가할 수 없었다. 그러다 서울의 아파트가 포화된 후에야 재건축 바람을 타고 주가가 올라간 것이다. 기억을 되새겨보아도 우리가 '아파트는 월급으로 살 수 있는 것이 아니다'라고 절감하게 된 때가 바로 그 즈음, 2000년대 이후다.

지금 베트남은 (정확히는 하노이와 호치민에 국한되지만) 우리나라의 1970년대, 강남이 개발되던 그 단계에 있다. 그런데 우리는 우리나라의 2000년대 아파트값 상승세를 기대하고 있다. '어, 베트남 아파트를 샀으니 하룻밤 자면 500만 원씩 올라 있어야 하는데 아니네' 하며 걱정하는 것이다. 베트남 아파트 가격이 우리나라처럼 치고 올라오려면 아직 멀었다. 베트남 발전으로 돈을 버는 사람은 아직은 아파트 투자자가 아니라 건설사다. 1970년대 강남 개발할 때에도 배추 심고 누에치던 땅을 헐값에 사들여 아파트를 올리니 건설업자들이 돈을 벌었다. 더욱이 베트남은 과거의 우리처럼 10층 안팎의 아파트가 아니라 30층씩 올리고 있으니 건설업자들은 돈을 쓸어담고 있다. 결코 개인이 돈을 버는 상황이 아니라는 것이다.

그래도 지금 베트남에 아파트 가격이 들썩이는 데가 있다고? 그럴 수 있다. 그런데 그런 아파트를 가만히 보면 한국인들끼리 투자경쟁을 하는 곳이 적지 않다. 어느 지역에 아파트가 들어서는데 외국인 투자가 가능하면, 한국인들이 투자를 한다. 그런데 그 옆에 다른 아파트가 또 들어오면, 그새 헌 아파트가 된 기존 아파트 가격이 떨어진다. 단기적 이익을 바라며 투자가 몰리는 한 투자가치는 떨어질 수밖에 없다. 대신 따끈한 새 아파트로 자금이 몰린다. 그래서 프리미엄, 시쳇말로 '피값'이 붙는다. 지금 오르고 있는 베트남 아파트 값의 실상은 한국 사람들과 중국 사람들끼리 사고팔면서 프리미엄을 붙인 결과다. 베트남 시장의 가치판단이 반영된 게 아니라 외국인 투자자, 특히 한국인들이 인위적으로 가격을 부풀렸다는 의미다.

멀리 갈 것도 없이 내 친구도 베트남에서 아파트 시세차익을 봤다고 즐거워하고 있다. 가족과 함께 베트남에 이주한 친구인데, 프리미엄이 이미 몇 천만 원이나 붙은 아파트를 구매해서 임대를 주고 자기네는 더 작은 아파트를 임대해 살고 있다. 한국 사람들은 집을 사면 돈을 벌어야 한다고 생각하고, 임대를 주고 임대차액이 한 달에 몇 백 달러라도 돼야 투자한 보람을 느낀다. 거기에 더해 자신이 산 아파트에 프리미엄이 붙으니 이 친구는 더 이득을 보고 있다고 생각하며 즐거워했다.

하지만 부동산은 베트남 정부가 제재를 결정하는 순간 언제든 꺼질 수 있는 거품투자임을 잊어서는 안 된다. 베트남의 주택을 언제까지 한국 사람들끼리만 사고팔 수는 없으니, 결국은 베트남 사람들이 부동산 거래에 참여해야 한다. 앞서 베트남 국민들의 소득이 높아지고 있으니 주택구매 욕구도 커질 것이라 했는데, 현실에서는 세심하게 살펴야 할 리스크들이 없지 않다.

무엇보다 진지하게 고려할 사항은 빈부격차다. 현재 베트남의 GDP 성장률은 7% 정도로, 겉으로 볼 때는 매우 빠르게 성장 중이지만 그 여파로 빈부격차가 점점 심해지고 있다. 이것이 주택시장에 왜 문제가 되느냐면, 베트남 부자들은 아파트 투자에 큰 관심이 없다. 그 돈으로 다른 데 투자하지 뭐하러 아파트를 사느냐고 반문한다. 반면 서민들은 아파트 살 돈이 없다. 베트남의 이점이라 여겨지는 '저임금'이 주택 구매력을 떨어뜨리는 주요 요인이 된 것이다. 이들을 위해 30%만 먼저 내면 나머지는 은행대출을 알선해주겠다는 광고도 나오기 시작했지만, 아직은 건설업자들의 신뢰가 그리 높지 않기 때문에 다 지어놓고 미분양 사태를 빚는 아파트도 없지 않다.

베트남의 도시계획이 아직 미흡하고 투명하지 않다는 점도 문제다. (베트남의 주택 관련 통계를 얻기가 쉽지 않았는데 이런 이유 때문이 아닐까 한다.) 대부분의 대도시는 땅값이 오름에 따라 도심이 슬럼화되거나 공동화되고, 주택들은 도시 외곽에 지어지곤 하지 않던가. 베트남도 예외가 아니어서 하노이와 호치민의 아파트는 대부분 외곽에 지어지고 있다. 베트남은 아직 사회적 인프라가 취약해 교통망이 좋지 않은데, 도심으로 출근해야 하는 사람들이 외곽의 아파트로 이사하려고 할까?

이러한 제약조건들이 있지만 그럼에도 어찌됐든 베트남에 아파트를 비롯한 주택은 계속 지어지고 있다. 집단심리가 강한 베트남 사람들도 어디가 좋다는 소문이 들리면 따라서 사기도 한다. 최근에는 아파트를 분양하면서 '많은 한국인들이 이 아파트를 산다'는 광고문구도 등장했다고 한다. 한국 사람들이 산다는 게 과연 좋은 건지는 알 수 없지만 돈 있는 베트남 사람들에게는 일종의 판단기준이 된다는 의미다.

그러나 이는 양날의 칼임을 명심해야 한다. 한국인들끼리 서로 사고팔며 프리미엄값이라는 관행을 만들어 부동산 시장을 교란시킨다면? 거기에 베트남 사람들이 현혹된다면? 공안이 바로 개입할 수도 있다. 지금도 '피값' 등의 행태를 모를 리 없겠지만, 현재는 외국인 투자가 허용된 곳에서 일어나는 일이라 베트남 국민들의 체감경기에 별다른 영향을 주지 않으니 보고도 모르는 척 눈감고 있을 뿐이다. 한국 사람들이 선호하는 아파트는 한 채에 20만~30만 달러씩 하는 고급 아파트인 데 반해 베트남 사람들은 소득에 맞춰 7만~9만 달러 하는 아파트를 선호한다. 이처럼 시장이 다르기 때문에 지금까지는 괜찮았던 것이다.

혹자는 베트남 대도시의 인구가 워낙 빠르게 늘고 있기 때문에 하노이와 호치민의 아파트 수요가 크게 늘어날 것이라 말한다. 지금 하노이 인구가 약 740만 명이고 호치민이 약 850만 명인데 조금 있으면 둘 다 1000만 명이 되어 서울처럼 바뀔 것처럼 이야기한다. 그런데 하노이와 호치민 시에 도시만 있는 것이 아니다. 이미 말했지만 베트남에는 농촌인구가 더 많다. 우리가 아는 대도시 하노이와 호치민에도 도시지역만 있는 것이 아니고 면적으로 보면 농촌이 사실 더 크다. 현재 하노이의 도시인구는 약 440만 명이고, 호치민은 약 690만 명이다. 하노이와 호치민의 아파트 가격이 서울의 2000년대 이후처럼 자고 나면 오를 것이라 기대하지 말아야 하는 또 다른 이유다.

지금까지의 내용을 종합해보면, 베트남의 아파트 시장은 지금 당장은 큰돈을 벌어주지 못한다. 우리끼리 서로 주거니 받거니 하다 보니 베트남 아파트 시장이 뜨고 있는 것처럼 느껴지지만, 베트남 전체를 보면 그렇게 뜨지는 않았다는 것이다. 그렇다면 이미 베트남에 아파트를 사둔 사람들은 어떻게 해야 할까?

개인의 아파트 투자는 반드시 장기투자로 가야 한다. 이것이 포인트다. 우리의 최근 경험만 생각하고 단기투자를 노리면 안 된다. 일단 사두면 오르긴 할 것 같다. 우리가 보통 부동산에 투자할 때는 시중 금리보다 높은 수익이 나면 이익을 보았다고 하는데, 지금 베트남의 시중 금리가 8%대이고 부동산에 투자하면 이보다는 높은 이윤이 날 것이다. 나쁘지 않아 보인다. 하지만 8% 금리는 베트남인들을 위한 금리다. 외국인이 은행 계좌를 개설하면 이자가 아니라 오히려 수수료를 내야 한다. 그렇다면 외국인들의 아파트 투자 수익도 당연히 시중금리와 관계없이 판단해야 한다.

반면 부동산 개발의 경우는 지금부터 시장에 진입해야 한다. 현재 베트남 정부는 해외자본 투자 유치에 적극적이다. 우리나라도 해외 투자를 받긴 하지만 투자가 들어올 만한 특별한 이점이 많지 않다. 국제도시도 아니고 접근성이 좋지도 않다. 국가발전 모델 자체가 외국자본 없이 성장했다. 그런 면에서는 호치민이나 하노이가 오히려 서울보다 국제도시다. 여러 나라에서 외국자본이 들어오기 시작했고, 그것을 기반으로 성장을 꾀하고 있으니 말이다. 이런 상황이니 하노이와 호치민이 홍콩이나 LA처럼 되지 말라는 법도 없다.

이런 여건을 감안할 때 개인이 아니라 부동산 개발회사들은 지금부터 서두르는 것이 맞다. 부동산 개발은 들어가려는 땅의 가격이 얼마나 낮고, 이곳을 개발했을 때 얼마나 많은 사람들을 불러들일 수 있고, 단위 면적당 부가가치가 몇 배로 커질 것인가가 중요한데, 그럴 가능성은 충분히 있다.

일례로 롯데가 얼마 전에 하노이에 꽤 넓은 부지를 매입했다. 기존에 유럽 기업이 개발하겠다고 터까지 다 닦아놓았는데, 여러 가지 이유로 몇 년 동안 방치해두었던 곳이다. 그 땅을 롯데가 사서 쇼핑몰로 다시 만들고 있다. 롯데가 베트남에 진출한 것이 이번이 처음은 아니다. 다만 그동안은 값비싼 시내 중심가 부지를 사서 고층 건물을 올리곤 했는데, 아주 교외는 아니지만 시내도 아닌 곳에 대규모 부지를 매입하여 개발하는 식으로 전략을 바꾼 것이다. 현명한 판단이다.

베트남의
주식은 언제 성장하고
금융은 언제 성장할 것인가?

한국투자증권은 이미 10여 년 전에 베트남에 KIS Vietnam 법인을 만들고 2010년부터 베트남 주식을 거래하는 증권회사를 만들어 활동하고 있다. 우리나라의 다른 증권사들도 베트남 주식시장에서 활발히 활동하는 중이다. 직접 증권사를 운영하기도 하고 베트남 기업과 합작도 한다. 그뿐 아니라 매년 7%대 이상의 성장을 하고 있는 베트남은 우리나라 증권사들의 주요 펀드 투자 대상이기도 하다. 2000년대 중반 중국 관련 펀드 상품에 관심이 뜨거웠던 적이 있었는데 지금은 베트남 관련 펀드 상품에 대한 한국인들의 관심이 매우 높다.

문제는 베트남의 주식시장이 너무 작다는 것이다. 가장 근본적인 이유는 베트남에 주식시장이 생긴 지 얼마 안 됐기 때문이다. 2000년에 호치민 증권거래소가 개설됐으니 20년이 채 안 된다. 나와 함께 이 책을 쓴 베트남 저자들은 베트남 주식시장을 "아직 신생아 수준"이라고 규정한다. 당연히 규모도 작을 수밖에 없다.

그러나 짧은 역사 하나만이 원인은 아니다. 또 다른 이유는 베트남 산업의 발전형태다. 오랫동안 사회주의경제를 추진했던 터라 베트남의 주요 기업들은 대부분 국가 소유였다. 전기, 철도, 통신, 금융 등 국가의 인프라와 관련된 기업들을 모두 국가가 갖고 있었다. 주식시장의 규모도 커지고 활발한 주식 거래가 이루어지기 위해서는 기본적으로 상장사가 많아야 하고, 상장사가 많아지려면 요건을 갖춘 기업의 수가 많아야 한다. 지금까지 상장 요건을 갖출 만한 규모와 시스템을 갖춘 기업들은 주로 국영기업들이고, 최근 베트남 정부가 이들 기업의 민영화를 추진하고 있지만 아직 민영화 속도가 너무 느리다. 나머지 베트남 국내 기업 대다수는 영세한 중소기업이기 때문에 현재의 자산 규모와 운영 시스템으로 주식시장에 상장하기에는 역부족이다. 여기에 베트남 주식시장의 투명성이 아직 제한적인 것도 성장하지 못하는 요인이다.

사정이 이러하니 베트남 정부도 주식시장이 자금을 유치할 수 있는 좋은 채널인 줄 알면서도 육성을 못하고 있다. 증권회사에서 투자상품을 만들어 소개해도 베트남 사람들은 아직 주식으로 돈 벌 수 있다는 생각을 하지 않는다고 한다. 투자회사로서는 난감한 일이다. 그나마 위안을 삼을 만한 소식은 투자회사들이 베트남 투자펀드를 조성해서 우리나라와 일본 등 다른 나라에서 상품으로 판매하고 있고, 꽤 많이 판매되었다는 사실이다.

이처럼 베트남의 주식시장 자체는 여러모로 아직 '신생아' 수준이다. 베트남은 이들에게 언제 기회의 땅이 될까?

이 질문은 언제 부동산이 뜰지 묻는 것과 본질적으로 다르지 않다. 우리나라에서 갑자기 주식에 대한 관심이 커지고 너도나도 주식을 시작했던 때가 언제냐면 1980년대 중후반이다. 이때에는 모든 사람들이 주식을 해야 한다고 생각했다.

부동산이 인구구조의 변동과 함께 움직였다면, 주식은 국가가 주도해서 크기 시작했다. 국가가 기업들의 상장을 유도했고, 그러면서 기업가치가 매겨지기 시작하고 주식이 괜찮은 투자종목이라는 인식도 생겨났다. 그러다 그럭저럭 유지되던 주식이 확 뜬 시기가 있었으니, 2000년대 중반이었다.

1980년대에 주식이 뜬 이유는 인구구조와 큰 연관이 없지만, 2000년대에 주식이 뜬 이유는 인구구조로 설명 가능하다. 우리나라에서 소득수준이 가장 높은 연령대는 40~50대인데, 2000년대에 이 인구가 고점을 찍었다. 소득수준이 높은 40~50대들은 은행이자보다 높은 수익을 얻을 수 있는 곳이면 어디든 갔다.

그중에서도 아파트는 큰돈이 들지만 주식은 목돈 없이도 할 수 있으니 큰손부터 개미투자자까지 모두 몰려 주식시장이 성장할 수밖에 없었던 것이다. 이들은 대부분 직장이 있었기 때문에 혹시 투자에 실패해도 재기할 수가 있었다. 이것이 2005년 이후 2015년까지 우리 사회의 모습이었다.

베트남의 1인당 국민소득은 아직 3000달러가 안 되지만 계속 높아지는 추세라는 점에서 우리나라의 1980년대 주식시장이 뜨기 시작한 때와 비슷하다. 하지만 바로 앞에서 말한 것처럼 주식시장에 들어올 수 있는 기업의 수가 많지 않다. 그러니 베트남에서 주식이 잘되려면 아직 조금 멀었다고 보는 것이 맞을 듯하다. 은행업도 그럴 것이다.

그렇다면 죄다 당분간 뜨지 않을 것들뿐인가? 그렇지 않다. 주식시장은 부동산과 다른 점이 있다. 주식은 전체적인 흐름 안에서도 산업과 기업에 따라 투자효과가 크게 다르다. 그러니 무조건 투자를 삼갈 것이 아니라 산업의 흐름을 잘 파악해야 한다.

예컨대 자동차 같은 경우는 지금 베트남에 들어가는 게 맞다. 앞에서도 설명했듯이 한국의 자동차 산업은 '58년 개띠'와 함께 성장해왔다. 우리의 58년 개띠가 등장하기 시작했던 시점이 베트남으로 치면 바로 지금이다. 오늘날 베트남의 30대는 나라의 중위연령으로 대부분 결혼해서 아이도 둘씩 있는데, 이 인구

집단이 점점 커지고 있다. 베트남 경제가 발달하고 이들의 소득이 늘어나기 시작하면 자가용을 소유하려는 니즈가 점점 커지지 않겠는가. 지금까지는 오토바이를 탔지만 가정을 꾸리고 아이가 태어나면 자가용으로 옮겨가서 작은 차를 구입하게 된다. 그러다 나이가 들고 소득수준이 높아지면 당연히 큰 차로 갈아탈 것이다. 이런 자동차 구매패턴이 만들어지기 시작했으니, 이 시기를 놓치지 말아야 한다.

자동차 기업에 베트남이 기회의 땅인 또 하나의 이유는, 베트남의 인구구조가 우리나라보다 훨씬 안정적이라는 데 있다. 우리나라는 1, 2차 베이비붐 세대 이후에 출생인구가 급감해 국가적 비상사태를 맞은 반면, 베트남은 30대 이후로도 인구가 줄거나 늘지 않고 일정하게 유지되고 있다. 그러니 지금의 30대 이후로도 자동차 수요가 꾸준히 창출될 것이다.

이런 변화를 반영하듯 최근 베트남에도 완성차 제조업체가 생겼다. 빈 그룹의 빈패스트(VinFast)가 그 주인공으로, 연 10만~20만 대의 자동차 및 오토바이 생산을 목표로 생산시설을 지었다. 이런 회사라면 지금 투자하는 것이 좋을 것이다. 부동산 개발이익을 보고 있는 건설사도 지금이 투자 적기다. 이처럼 주식은 투자해야 하는 시점이 산업마다 다 다르니 인구구조와 산업의 발전추이를 동시에 고려해야 한다.

결론적으로 당장은 베트남의 주식시장이 커지고 종합주가지수가 하루 자고 나면 5%씩 상승하는 모습을 기대하기는 어렵다. 하지만 우리나라 기업들을 포함해 수많은 해외 기업들이 이미 베트남에 법인을 설립하여 운영 중이기 때문에, 이 기업들이 상장하기 시작하면 베트남 주식시장의 플레이어 수가 늘어 시장의 규모는 커질 수밖에 없을 것이다.

아직까지는 외국 자본으로 설립된 기업이 호치민 주식시장에 성공적으로 상장한 경우가 거의 없다. 정부의 규제 때문이다. 하지만 베트남 정부도 경제발전에서 주식시장의 중요성을 모르지 않으므로 외국계 기업들의 상장을 언제까지나 규제만 할 수는 없다.

아직까지 규모가 워낙 작아 상장에 대한 '로망'이 별반 없는 베트남 중견기업들도 외국계 기업이 상장되어 기업의 가치가 달라지는 모습을 보면 기업 상장에 대한 개념이 바뀌게 될 것이다. 그렇게 되면 기업들이 너도나도 상장하겠다고 뛰어들 것은 자명하다. 여기에 누군가 주식투자로 월수입보다 더 벌었다는 소문만 나면 소득이 꾸준히 늘고 있는 젊은 인구에게 주식투자는 반드시 해야 하는 일상이 될 수 있다. 우리나라와 똑같이 말이다. 그렇게 되면 베트남 주식시장의 성장은 시간문제다.

베트남 정부가 중점적으로 투자를 유치하는 분야는?

현재 베트남의 해외 투자 의존도는 매우 높고, 특히 한국과 일본에 대한 의존도가 높다. 이 때문에 베트남이 앞으로 한국이나 일본의 투자를 조절하지 않겠는가 걱정하는 이들도 있다. 한국은 경제개발의 시동을 걸 때 해외 투자에 의존하기보다는 정부가 주도해 수출 중심, 중공업 중심의 성장 전략을 택했기 때문에, 오늘날 베트남의 거침없는 해외 투자 유치가 낯설고 때로는 '지나치다'고 느낄 수도 있다.

그러나 세계사적으로 보면 한국이 오히려 예외적 사례로, 어느 나라든 세계경제 무대에 등장할 때에는 외국인 투자를 유치하는 경향이 있다. 투자 유치가 국가경제를 발전시키는 데 도움이 된다면 마다할 이유가 없는 것이다. 마찬가지로 신흥국에 대한 투자에 사람들이 관심을 보이는 것은 자연스럽고 일반적인 현상이다.

2019년 상반기에도 베트남의 외국인 투자 유치는 계속 증가했다. 베트남 정부로서는 지속적인 발전목표가 있기에 투자 유치를 줄일 이유가 없다. 브엉 딘 후에(Vương Đình Huệ) 베트남 경제부총리는 2019년 6월 한국 금융투자협회를 만난 자리에서 자국 및 해외 자본 유치를 지속할 계획임을 분명히 했다. 이와함께 베트남은 투자 환경을 개선하려고 많은 노력을 하고 있다. 행정절차를 간소화하고, 필요 없는 허가증도 없애는 중이다. 정책의 투명성을 확보하고 인프라를 개선하며 노동인력의 수준을 높여나가는 등의 노력도 빼놓을 수 없다. 또한 해외 자본에 유리한 직·간접적 투자 환경을 조성하기 위해 국회에 제청된 증권법을 2019년 10월 통과시킬 예정이다.[2]

외국인 투자가 몰리면서 리스크를 염려하기도 하는데, 이 책의 공저자인 중 교수는 "당분간은 문제가 없을 것"이라고 말한다. 최근 2~3년간 외국인 투자 이외에 베트남 경제발전에 대한 베트남의 국영기업과 민간기업의 기여도 점차 높아지고 있어 균형을 맞춰가는 중이다.

해외 투자가 줄어들지 않는다면 앞으로 어떤 산업에 투자하는 것이 유리할까? 과거 한국이 발전하던 시기에는 화학산업이 중요시되었던 반면 농업은 중시하지 않았다. 이렇듯 베트남 정부가 더 중시하는 산업에 투자하면 이익이 더 크지 않을까.

1992년 한국이 베트남에 진출할 초창기에는 포스코, 대우 등 대기업이 중공업 분야에 진출했다. 그러다 2000년대 중반, 베트남이 WTO 회원국이 된 다음에는 봉제산업에 대한 투자가 많았다. 그리고 최근에는 전기 및 전자분야 기업의 진출이 활발해, 삼성전자 베트남법인의 수출액이 베트남 전체 수출의 4분의 1에 육박한다는 보도가 나오고 있다.

최근 외국인 투자에 대한 법인세 혜택 등 세제상 혜택이 점차 축소되는 추세이지만, 베트남 정부가 적극적으로 투자를 유치하려는 산업이 입주하는 공단에는 혜택을 받을 여지가 있는 만큼 정부의 중점 유치산업을 알아두는 것이 좋다. 베트남의 중점 육성분야를 살펴보려면 이들의 사회·경제개발전략을 참고할 필요가 있다. 베트남은 10년에 한 번씩 사회·경제개발전략을 수립한다. 이와 함께 5년마다 베트남 공산당의 전당대회가 열리는데, 이 대회를 중심으로 5년간의 구체적인 개발계획이 정해진다. 2011년 전당대회에서 2011-2020년 사회·경제개발전략이 확정되었고, 2016년 4월 국회에서 2016-2020 5개년 개발계획이 채택되었다. 곧 다가올 2021년에는 다시 10개년 사회·경제개발전략이 나올 것이다.

중 교수는 장기적으로 볼 때 베트남 정부가 과거처럼 해외 투자를 무조건 유치하기보다는 다소 선별적으로 유치하는 방향으로 전환하고 있으며, 친환경산업 및 스마트 관련 산업을 우선 유치하는 계획을 세웠다고 말한다.

1988년 첫 번째 외국인직접투자를 승인한 이래 베트남은 30년 동안 총 129개국으로부터 투자를 유치해 산업 전반의 발전은 물론 고용창출 효과도 톡톡히 보았다. 그러나 그 과정에서 저부가가치 산업이 주로 유치돼 노동환경이 악화되고 환경오염이 심각해지는 등 부작용도 피할 수 없었다. 이에 따라 앞으로는 의료기기제조, 4차 산업혁명 분야 등 하이테크 산업을 비롯해 교육, 헬스케어 서비스, 금융, 물류 등 고부가가치 산업을 유치해 해외투자의 질을 높이겠다고 밝히고 있다. 전반적으로 보면 첨단산업 및 서비스업의 비중을 늘리고 농업의 비중을 줄이는 흐름이다. 그렇다고 해서 한국처럼 농업을 우선순위에서 배제하는 것은 아니고, 비중을 낮추는 대신 전통적인 농업 생산방식을 획기적으로 혁신하는 하이테크 농업산업을 육성하려 한다. 아울러 관광산업에도 주목하고 있다. 물론 기존의 저렴한 관광상품이 아닌 고부가가치 관광산업으로 말이다.

다만 뚜언 교수는 이것이 한국처럼 정부가 주도하여 육성정책을 밀어붙이는 것은 아니라고 선을 긋는다. 어디까지나 시장 흐름에 맞게 활성화시킨다는 것이다.

베트남도 '현금 없는 사회'가 될 것인가?

금융시장은 언제나 중요하다. 최근 금융시장의 가장 큰 이슈는 어떤 식으로 결제하는지, 즉 결제 시스템에 관한 것이다.

처음 베트남에 갔을 때 놀라웠던 장면 중 하나는, 집집마다 금고가 있었다는 것이다. 그리고 사람들은 예외 없이 현찰로 지불하고 있었다. 나중에 들으니 금고는 집문서와 같은 중요한 서류를 보관하는 용도라고 하는데, 그렇더라도 현금 결제는 여전히 인상적이었다.

나는 대학생이었던 1990년대 중반, 돈을 제대로 벌기도 전 신용도 없을 때 처음 신용카드를 만들었다. 그날 통장에 돈도 없으면서 친구들에게 카드를 긁어서 술을 산 기억은 25년이 지난 지금도 생생하다. 카드가 생겼다는 것만으로도 뭔가 돈이 생긴 느낌이었다. 그런데 베트남에 있던 1년 동안 젊은 사람들이 현금에서 신용카드로 빠르게 옮겨가는 것을 보았다. 내가 있던 베트남 인구국의 젊은 직원들이 그 옛날 내가 그랬듯이 신용카드를 만들고 그날 동료들에게 점심을 '쏘는' 이벤트를 벌였다. 이때가 2015년이다.

그렇다면 베트남도 신용카드가 주요 결제수단으로 쓰이고 앞으로도 그러할까? 한국과 미국은 신용카드를 주로 사용하고, 일본은 여전히 현금을 좋아하며, 중국은 신용카드 단계는 건너뛰고 모바일 결제로 넘어가는 등 국가별로 결제 시스템이 모두 다르게 발전하고 있다. 베트남의 결제 시스템은 어떻게 바뀔까?

베트남에서는 현재 앱 결제와 신용카드 결제 그리고 현금 결제가 병행되고 있지만, 앞으로는 아무래도 현금 사용은 줄어들고 신용카드와 모바일이 주된 결제수단으로 통용될 것이다. 현재 젊은 인구를 중심으로 유통에서 전자상거래가 매우 빠르게 성장하고 있고, 정부도 투명한 재정 관리를 위해 현금 없는 사회를 독려하고 있기 때문이다.

특히 젊은 세대 사이에서 이런 변화가 뚜렷하다. 이들은 한국처럼 결제할 때 주로 신용카드를 사용한다. 그러나 최근에는 전국에 LTE 서비스가 제공되고 거의 모든 사람들이 스마트폰을 사용함에 따라 전자상거래가 급속도로 발달하면서 잘로페이(Zalo pay)나 모모페이(MoMo Pay) 등 모바일 결제수단 사용도 활발해지고 있다. 2018년 베트남 전자상거래 시장이 전체 소매유통 시장에서 차지하는 비중은 2.8%에 불과한 것으로 보도되었지만, 연간 35% 이상의 가파른 성장세를 보이며 2020년에는 시장규모가 100억 달러에 달할 것으로 전망되고 있다. 베트남 전자상거래및정보통신국(VECITA)에 따르면, 2015년 기준 베트남의 1인당 전자상거래 구매액은 160달러이며, 2020년에는 350달러까지 증가할 것이라 한다.[3]

현재 베트남에서 가장 많이 사용되는 모바일 페이먼트 서비스는 모모페이다. 잘로페이도 최근 빠르게 확산되고 있는데, 베트남의 카카오톡이라 할 수 있는 모바일 메신저 잘로(Zalo)가 제공하는 서비스다. 이들은 자체 금융기관 없는 지불중개 서비스이지만 대부분의 은행과 제휴돼 있어서 이용에 불편이 없다. 모바일 결제 앱을 통하면 받을 수 있는 혜택이 많기에 특히 젊은이들의 호응이 크다.

이런 흐름을 타고 많은 베트남 기업들이 전자지갑 앱을 출시하고 있다. 2019년 현재 베트남에는 35개나 되는 페이먼트 서비스가 존재한다.[4] 삼성페이 등 한국 기업도 서비스를 제공 중이며 중국의 대표적인 모바일 페이먼트 서비스인 알리페이(Alipay)도 이미 사용되고 있다. 많은 편익만 제공할 수 있다면 나도 베트남에 내 이름을 따서 'YT페이'를 출시할 수도 있는, 발전 가능성이 큰 시장임은 분명하다.

그러나 한편으로 지역에 따라 차이는 있지만 베트남 전체적으로는 여전히 현금결제가 거의 90%에 육박한다는 사실도 염두에 두어야 한다. 특히 고령자들은 거의 모두 현금을 사용한다. 최근에는 현금카드도 병행해 사용하는 고령자가 증가하고 있는데, 자발적인 증가로 보이지는 않는다. 얼마 전부터 연금이 현찰로 지급되지 않고 통장으로 입금되기 때문에 어쩔 수 없이 카드를 쓰는 경우다. 그러나 돈을 쓸 일이 있으면 습관적으로 출금해서 현금으로 사용한다. 40~50대의 중년층도 아직은 대부분 현금을 지불수단으로 사용한다. 물론 대도시에 거주하는 중년들은 신용카드도 쓰고 있지만 여전히 주된 결제수단은 현금이다.

이처럼 공무원이나 정부 관계자, 청년들은 전자상거래에 대한 인식이 있지만 농촌에서는 전자상거래를 생소해하고 성장속도도 미미하다. 정부가 캠페인을 펼치고 실제로 현찰을 쓰는 사람이 하나도 없는 날이 있다고도 하지만, 아직은 전자상거래를 이용하는 인구는 일부분이라고 보아야 한다.

그리고 앞날을 조심스럽게 추측해보건대, 베트남은 우리나라처럼 신용카드가 활성화되기보다는 중국처럼 QR코드를 기반으로 한 모바일 결제로 옮겨갈 것으로 보인다. 이렇게 판단하는 이유는 신용의 유무 때문이다. 신용카드는 내가 먼저 쓰고 돈은 나중에 내도 되지만, 모바일 결제 시스템은 내 통장에서 바로바로 돈이 빠져나간다. 요즘 한국인들도 모바일 결제를 많이 사용하지만 네이버페이나 삼성페이 등 수위를 다투는 플랫폼에는 은행 계좌 외에 신용카드도 연동시킬 수 있다. 신용카드를 결제수단으로 설정했다면 본질은 어디까지나 신용카드 매출인 셈이다.

신용카드 사용률을 보면 그 사회가 신용을 인정해주느냐 인정하지 않느냐를 단적으로 파악할 수 있다. 미국 같은 나라는 내 신용도가 얼마인지만 알면 돈을 먼저 쓸 수 있게 해주고, 우리나라도 그런 사회로 이동하고 있다. 반면 중국은 신용 시스템을 만들지 않기 때문에 돈이 없으면 지출을 못한다. 개인적인 판단으로는 베트남도 아직 신용 시스템이 미비하므로 당분간은 현금을 쓰거나 아니면 신용카드보다는 현금카드를 많이 쓸 듯하다.

물론 베트남도 직장이 있는 사람은 신용카드가 발급되므로 우리나라처럼 통장에 돈이 없어도 차부터 먼저 살 수 있다. 이런 행동이 누적되고 베트남 사회에서 신용이 충분히 중요해지게 되면, 그때는 신용카드가 지불수단으로 사용될 것이다. 물론 페이먼트 시스템인 모모페이와 잘로페이를 통해서 결제되는 방식으로 말이다.

한국 기업의 베트남 진출을 현지인들은 좋아할까?

해외진출을 검토하는 시점에서는 다양한 고민이 생기기 마련이다. 그중 사소해 보이지만 현실적으로 중요한 문제 하나는 이것이다. '과연 그들은 우리를 좋아할까?'

많은 국가에서 베트남 진출을 타진하는 지금, 한국 기업은 일본 기업 혹은 중국 기업 등 다른 나라 기업들에 비해 더 환대를 받을 수 있을까? 막상 갔는데 홀대받으면 문제 아니겠는가.

이런 걱정이 자연스러운 이유는, 이미 베트남에 한국인이 너무 많기 때문이다. 관광객뿐 아니라 투자나 사업 목적으로 간 사람들도 적지 않다. 우리가 한국땅에서 특정 국가 사람들을 너무 많이 보면 피로감을 느끼는 것처럼, 베트남 어디를 가든 한국인이 있으니 그들도 우리에게 반감을 느끼지 않을까? 관광객이 많은 것이야 베트남 사람들도 그러려니 하는데, 뭔가 일을 잔뜩 벌여 놓고 본인의 이득만 취해 사라지는 사람들이 많아지면서 한국인에 대한 모종의 경계심이 생기는 것도 부인할 수 없다.

이런 걱정이 자연스러운 또 다른 이유는, 우리나라가 베트남전 참전국이라는 것도 한몫한다. 아무리 전시 상황이었다 해도 일부 한국 군인들이 그곳에서 저지른 여러 가지 범죄를 생각하면 마음이 편할 수 없는 것이 당연하다.

그런데 베트남 사람들을 만날 때면 의외로 베트남전에 대한 응어리가 크지 않다는 인상을 받았다. 미국과의 전쟁은 최근에 치러서 기억하는 사람들이 있는 것이지, 역사적으로 볼 때에는 비중이 그렇게 크지는 않다고 여긴다. 역사상으로는 오히려 중국과의 갈등이 더 크고 오래되었고, 지금도 중국과는 긴장관계를 유지하고 있다. 하지만 국민들의 삶의 질 개선과 경제개발을 위한 개방 기조가 계속되는 한 머지않아 중국과 화해할 것이 분명하다. 중국과도 그런데 미국과 화해 못하겠는가.

심지어 미국과의 전쟁에서 베트남은 승전국이다. 명분 없는 전쟁을 지루하게 끌다가 패했던 미국은 베트남전의 상흔이 크지만, 승전국인 베트남은 그럴 게 없다. 이미 미국과의 전쟁은 교과서에 등장하는 역사의 한 페이지가 되었고, '모든 전쟁은 후유증을 남긴다'는 교훈과 함께 전쟁이 일어나면 안 된다는 반전사상을 가르치는 데 초점이 맞춰져 있다. 엄청나게 쿨하다. 그러니 한국이 참전국이라고 특별히 적개심을 가질 이유가 없다. 국경을 직접 맞대고 있지 않은 터라 베트남전 몇 년 빼고는 우리나라와 베트남은 서로 갈등을 빚을 요인이랄 게 딱히 없다.

오히려 최근 베트남 사람들은 우리나라에 대해 기묘한 연대감을 느끼는 듯하다. 흥미롭게도 반기문 전 유엔총장이 계기가 되었다.

베트남 성씨 중에 판(Phan) 씨가 있다. 베트남 사람들은 자신들의 판 가문이 한국에 가서 반 씨가 되었다고 생각한다. 그런즉 유엔총장이 사실은 베트남 쪽이라는 논리가 성립되는 것이다. 우리도 우리에게 좋은 이야기는 자꾸 띄우고 싶어 하는 것처럼, 베트남 사람들은 반 총장이 유엔 사무총장이 되었을 때 자기 일처럼 반가워했다. 실제로 반 총장은 베트남에 방문했을 때 엄청난 환대를 받았고 판 가문이 모여 사는 집성촌에 방문하기도 했다. 이날의 행사는 신문에 기사화될 만큼 관심을 끌었고, '우리 후손이 유엔 사무총장'이라는 그들의 심증(?)도 더욱 굳어졌다.

베트남도 우리처럼 3음절의 이름을 사용하는데 주로 마지막 자를 이름으로 부른다. 즉 조영태는 '태'가 부르는 이름이다. 반 총장이 재임하던 당시 태어난 베트남 아이들 이름의 마지막 자에 '문'이 들어간 경우가 많았다. 자녀들이 반기'문' 총장처럼 국제적으로 활동하는 국가의 인재로 성장하기 바라는 부모들의 바람이 표현된 것이다.

허황된 믿음이라 생각하는가? 별것도 아닌 것에 의미를 부여한다고 생각하는가? 우리도 예전에는 그랬다. 우리나라 40대 이상에게 기억나는 유엔 사무총장을 대보라고 하면 반기문 다음으로 아마 '코피 아난'을 꼽을 것이다. 1997~2006년까지 유엔 사무총장으로 재임한 인물이다. 반면 지금 유엔 사무총장이 누구냐고 물어보면 대다수가 모른다고 할 것이다. 반기문 총장이야 한국인이니 그렇다 치고, 우리는 왜 옛날의 그 사무총장만 기억할까?

국가가 발전할 때에는 위인전이 많이 읽힌다. 우리나라도 현재 기성세대가 어릴 적에는 온갖 위인전이 전집으로 팔리곤 했다. 유엔 사무총장은 말하자면 현대의 위인이다. 흔히 '세계의 대통령'이라고 하지 않는가. 코피 아난은 우리가 충격의 외환위기에서 다시 일어서려 애쓰던 시대의 '세계의 대통령'이기에 기억하는 것이다.

우리나라의 1인당 국민소득(GNI)은 1999년 1만 달러를 회복해 2006년에 처음으로 2만 달러를 돌파했다. 우연의 일치로 그의 재임기간과 겹친다. 2018년 우리나라의 1인당 국민소득은 선진국 기준인 3만 달러를 넘어섰다. 이제 우리는 유엔 사무총장을 위인처럼 여기지 않는다. 재미있지 않은가?

베트남도 똑같다. 국가가 성장할 때에는 롤모델 같은 위인이 필요하고, 반기문 사무총장이 그 역할로 소환된 것이다. 그런데 마침 한국 사람이고, 또 마침 반 씨여서 친밀감이 더 높아진 것이다. 의도한 것은 아니지만 우리나라에 대한 호감이 더 생긴 것은 분명해 보인다.

한국과 관련된 베트남의 영웅담은 이것만이 아니다. 우리가 국사시간에 한 번쯤 외웠던 인물, 이의민이 베트남 이민자의 후손이라는 설이다. 하노이 여행 가시는 분들이 한 번씩 들렀다 오는 호안끼엠 호수 옆에는 이태조 동상이 있다. 중국의 제후국이었던 베트남에 리왕조를 세운 인물로, 중앙집권국가의 기틀을 닦은 위인이다. 12세기에 리왕조에 권력다툼이 일어났는데, 여기에서 패한 이양곤이 고려에 와서 '정선 이씨'의 시조가 되었다고 한다. 이의민은 정선 이씨의 6대손이다. 왕족도 아니면서 일국을 호령해 역사책에 실릴 정도의 인물이 베트남 왕조의 후손이라니, 베트남 사람들이 자부심을 느낄 만한 스토리 아닌가? 또 '화산 이씨'의 시조인 이용상도 베트남에서 건너온 것으로 알려져 있다. 이태조의 7세손인 이용상은 왕조가 멸망하자 죽음을 피해 배를 타고 표류하다 황해도 화산면에 정착했다고 한다. 이때가 고려가 원나라의 침공을 받았을 때인데 그는 지역 주민들과 함께 몽고군에 맞서 싸워 큰 공을 세웠다. 이용상은 고려 고종에 의해 화산군으로 봉해졌다.

이처럼 두 나라 사이에는 국가적 자부심을 느낄 이야기도 있고 묘한 연대감을 느낄 만한 인연도 있으니 베트남 참전은 우리가 염려하는 것만큼 감정의 앙금이 깊지는 않은 듯하다. 물론 최근 덕장(德長)으로 알려진 박항서 감독의 맹활약도 큰 기여를 하고 있음은 두말하면 잔소리다.

한국 기업을 위한
혜택이나 기대사항이 별도로 있는가?

　　지금도 많은 한국 기업이 베트남의 경제발전에 작지 않은 역할을 담당하고 있는 것은 잘 알려진 사실이다. 그렇다면 베트남 정부에서 한국 기업들에만 적용하는 혜택이나 정책을 세워둔 것이 있을까? 혹은 한국 기업이기에 갖게 되는 이점이나 단점이 있을까? 최근에 박항서 감독이 베트남에서 엄청난 인기를 끌자 박카스가 박항서 감독과 광고모델 계약을 맺었는데, 이런 식으로 '이 회사는 한국 기업이다'라고 알려지는 게 유리한지도 많은 이들의 관심사다.

　　공식적으로 한국 기업을 대상으로 한 별도의 정책이나 계획은 없다. 아울러 '한국 기업'이라는 것 자체가 베트남 소비자들에게 특별한 소구점이 되는 것은 아니다. 물론 베트남인들은 대부분 박항서 감독을 좋아하니 그가 광고하면 홍보효과가 있을 것이다. 그러나 쯩 교수는 어디까지나 '일부'에게만 적용되는 마케팅이라고 말한다. 베트남 문화에는 '조용히 있어도 향기가 있으면 사람들이 자연스레 그 향을 맡게 된다'는 믿음이 있다. 말하자면 홍보하지 않아도 품질이 좋으면 사람들이 선택할 수밖에 없다는 것이다.

별도의 혜택이 없는 만큼 별도로 요구하는 사회적 책임도 없다. 한국사회에서는 기업, 특히 대기업에 사회적 책임을 다하라는 요구가 많지만 베트남에는 해당되지 않는 이야기다. 베트남 기업법이 제정돼 이미 시행되고 있고, 이 법에 외국인뿐 아니라 국내인의 기업 활동에 관한 동등한 의무와 권익, 책임이 두루 규정돼 있으니 법을 따르기만 하면 된다는 식이다. 법을 어기면 당연히 처벌을 받겠지만, 그렇지 않는 한 정해진 조항 외에 중앙정부나 지방정부가 기업에 더 요구하는 바는 없다. 시민단체도 마찬가지다.

베트남 정부의 입장을 확인할 수 있는 극명한 예가 2016년의 '포모사 사태'다. 대만계 철강기업인 포모사의 하띤(Hà Tĩnh) 공장이 독성물질을 바다에 무단방류해 인근 해양이 10년 동안 회복불능 상태에 빠진 베트남 최악의 해양오염사건이다. 사태가 심각했던 만큼 시민단체에서 연일 규탄집회를 여는 등 비난 여론이 높았지만, 베트남 정부는 포모사가 피해자 배상 및 지원을 약속한 이상 별도의 형사처벌은 곤란하다며 이 기업을 보호했다. 법에 따라 그 기업을 유치했고, 그 기업의 주인은 외국인이라며 선을 그었다.

외국 기업을 처벌하는 대신 베트남 정부는 투자법을 손보았다. 앞서 설명한 대로 청정산업을 우선 유치하고 베트남의 환경을 오염시키는 산업은 유치하지 않겠다는 것이 개정된 투자법의 주요 내용이다. 법과 정책을 수정해 기업의 사회적 책임(CSR)을 자연스럽게 높여간다는 구상이다.

그 외에 기업에 요구되는 사회적 책임은 없을까? 예컨대 수익의 일정액을 기부한다거나 하는 사회 환원 프로그램 같은 것 말이다. 그러나 이 책의 베트남 저자들의 의견은 한결같았다. 그런 것은 전혀 강제되는 분위기가 아니다. 자유경쟁 체제인 우리나라보다 외려 더 기업친화적인 것처럼 느껴진다.

답변을 듣고 가만히 생각해보니 한 가지 가설이 떠올랐다. 우리나라는 자유시장경제 체제이기 때문에 사회적 책무라는 개념이 없었다가 오늘날 이런 이야기를 해야만 하는 상황에 놓인 것은 아닐까? 반면 베트남은 사회주의 체제이고 대기업은 대부분 국가 소유였다. 그러므로 이들 기업의 활동도 당연히 인민을 위한 것이라는 게 기본개념이어서 굳이 사회적 책무를 언급하지 않는 것은 아닐까? 말하자면 사회적 책무에 대한 개념을 강조하지 않아도 '그건 당연한 것 아니야?' 하고 생각할 수도 있다는 것이다.

아직은 왜 베트남에서 기업의 사회적 책무에 대한 요구가 우리나라처럼 강하지 않은가에 대한 연구나 합리적인 설명을 보지 못했다. 하지만 베트남 사회가 발전하는 만큼 사회의 일원으로서 기업의 책임에 대한 인식 변화도 일어날 것으로 보인다. 그것이 사회발전의 자연스러운 흐름이기 때문이다. 지금은 베트남이 CSR에 대한 요구가 크지 않다 하더라도, 베트남에 진출하려는 기업이나 사업가들은 언젠가 그런 사회적 책무가 따를 것임을 염두에 두어야 할 것이다.

현지화가
정답일까?

이 책을 통해 우리 3명의 저자들이 반복하여 강조하는 것 중 하나는 베트남을 생산기지로만 보지 말고 시장으로 접근하자는 것이다. 특히 양국의 관계도 좋고 한국 드라마나 K-Pop에 대한 관심도 크기 때문에 한국 기업들의 한국 상품으로 시장에 접근하면 손해 볼 것이 없는 것은 당연하다. 실제로 하노이와 호치민뿐 아니라 베트남 전역을 돌아다니다 보면 간판에 'Hàn Quốc(한국의 베트남 표기)' 혹은 'Hàn'이라고 적힌 것을 심심치 않게 볼 수 있다. 한국 상품이건 한국 스타일이건 뭔가 한국과 관련된 것을 파는 곳이라는 표시인데, 나름대로 나쁘지 않은 광고 전략이다.

그런데 최근 이걸 악용한 사례도 등장했다. 분명 한국에서 만

들어진 물건도 한국 기업이 판매하는 물건도 아닌데 마치 한국 제를 한국 기업이 판매하는 것처럼 꾸민 일용품 매장이 등장했다. 간판도 광고도 다 한국말이다. 하물며 한국인인 나도 헷갈렸으니 베트남 소비자들이 속기에 딱 좋았다. 한국 물건에 대한 베트남 사람들의 관심을 악용한 중국 기업의 얄팍한 상술이다.

이런 상술이 등장할 정도로 베트남 사람들이 한국산 혹은 한국과 관련된 상품을 좋아하니, 어느 정도 시장에서 수요가 생기면 현지화를 하는 것이 유리하지 않을까? 현지화를 한다는 것은 생산을 베트남에서 직접 한다는 말이다. 예를 들어보자. 요즈음 베트남 사람들 사이에서 소위 '힙'한 음료는 웅진식품이 만든 '아침햇살'이다. 웅진식품은 '아침햇살'을 전량 한국에서 만들어 수출하고, 현지 유통업체를 통해 베트남 전역에 공급하고 있다. 인기가 많은 만큼 베트남 현지에 생산공장을 차려 현지에서 생산하면 아침햇살의 생산단가는 물론 유통비용과 가격도 낮춰 회사도 소비자도 모두 행복해지지 않을까?

그러나 저자들의 공통적인 의견은 '아니다'이다.

베트남 국민들이 쌀 음료를 좋아하는 것은 물론 주식이 쌀이어서 쌀로 만든 음료가 건강할 것이라는 믿음이 있기 때문이다. 그런데 '아침햇살'을 좋아하는 이유는 비단 쌀 음료이기 때문만이 아니라 한국 음료이기 때문이고, 더 나아가 '메이드 인 코리아' 즉 한국에서 생산된 제품이기 때문이다. 만일 '아침햇살'이 베트남 현지 공장이나 주변 국가에서 생산된다면 그래도 베트남 소비자가 '아침햇살'을 찾아줄지는 모를 일이다. 낮은 생산원가와 유통원가의 경쟁력이 한국 브랜드 가치의 장점보다 더 크다는 확실한 분석이 나오면 모를까, 그렇지 않은 상태에서 섣불리 현지화를 추진했다가는 낭패를 볼 수도 있다.

한마디로 베트남 시장에서 유통되고 있는 상품들의 경쟁력이 한국이라는 국가적 브랜드에서 나오는 것인지 아니면 상품 자체로부터 나오는 것이지 분석이 필요하다는 이야기다. 만일 상품 자체의 경쟁력이 더 크다면 유통과 생산원가를 낮출 수 있는 현지화가 더 유리할 것이고, 반대로 한국 브랜드 가치가 더 크면 수출이 더 유리할 것이다.

그런데 모든 재화가 그런 것은 아니다. 베트남 사람들이 좋아하는 우리나라의 식음료, 화장품, 공산품 등은 현지화보다는 수출이 더 유리할 가능성이 높지만 자동차나 가전제품은 다를 것이다. 전자와 후자의 가장 큰 차이는 제품의 구매를 위해 지불해야 하는 비용의 경중이다. 가격이 크게 높지 않은 식음료, 화장품 혹은 공산품은 아무래도 한국산이 더 매력적일 수밖에 없다. 하지만 몇 백 달러에서 많게는 몇 만 달러 이상 되는 비용을 지불해야 하는 가전제품이나 자동차의 경우는 사정이 전혀 다르다. 자동차는 베트남 현지에서 부품부터 완성차까지 생산될 때와 부품을 가져와 현지에서 조립만 될 때, 그리고 아예 완제품으로 수입될 때 가격 차이가 거의 2배까지 난다. 세금 때문이다. 이렇게 되면 한국의 국가 브랜드가 가격경쟁력을 이길 수 없다. 이런 재화는 현지화하는 편이 더 나을 것이다.

이 책의 공동저자인 조영태 교수와 베트남의 경제학자인 쩐 밍 뚜언 교수, 응우옌 쑤언 중 교수가 2019년 7월 모처럼 한자리에 모였다. 인구학자와 경제학자의 시각, 외지인과 현지인의 입장이 다양하게 오간 대담 내용을 지상 중계한다.

CHAPTER 3

좌담 : 한국의 인구학자가 묻고
베트남 경제학자가 답하다

뚜언▶ 반갑습니다. 저희 두 사람은 베트남에서 왔고요, 학자로서 조영태 교수님과 좋은 관계를 유지하고 있습니다. 저와 함께 오신 중 교수님은 경제학 박사입니다. 저는 뚜언이며, 베트남 사회과학원 대학원(Graduate Academy of Social Science) 부원장입니다. 저도 경제학을 연구하지만 중 박사님보다는 한 수 아래입니다(웃음).

베트남과 한국의 관계는 지금도 좋지만, 더 이상 좋을 수 없을 정도로 계속 발전해가고 있습니다. 빈말이 아니라 각계각층의 활동이 이를 증명합니다. 국가 원수 간 교류는 물론 민간교류, 사업인 간의 교류와 학자들의 교류도 자주 일어나고 있습니다. 베트남과 한국 간의 관계를 더욱더 나지기 위한 이번 프로젝트에 함께하게 되어 영광입니다. 제게는 한국에 대해 더 알고 이해하고, 베트남에 대한 여러분의 생각도 파악할 수 있는 귀중한 시간이 될 것입니다. 유익한 작업이 되게끔 저희 지식을 바탕으로 열심히 돕겠습니다. 이번 만남으로 모든 목적을 달성할 수 없다 하더라도 좋은 시작으로 여기고 책임감을 갖고 최선을 다하겠습니다.

조영태▶ 반갑습니다, 교수님. 대담을 위해 먼 길을 기꺼이 와주셔서 감사합니다. 베트남에 대한 한국인들의 이해를 높이고 두 나라 간의 협력을 증진하는 데 이 책이 도움이 되기를 희망합니다.

제가 한국에서 강의하는 슬라이드의 제목은 '인구학의 눈으로 본 베트남 시장의 기회'입니다. 저는 제 소개를 할 때 서울대학교 교수라고만 하지 않고 항상 '베트남 인구정책 자문'이라고 밝힙니다. 한국 사람들에게도 베트남 정부가 얼마나 인구 문제에 기민하게 대응하고 있는지 보여주기 위해서입니다.

한국에 출간된 베트남 관련 책들은 대부분 어떻게 하면 베트남에서 돈을 벌어서 한국에 가져올까에 대해서만 이야기합니다. 그러나 우리가 지금 이야기하려는 내용은 단순한 투자지침이 아니라 어떻게 하면 베트남이 발전하는 데 한국이 기여할 수 있으며, 궁극적으로 지금 당장뿐 아니라 15년, 20년 후에도 두 나라가 공존하기 위해서는 무엇을 해야 하는가에 관한 것입니다. 이제부터 베트남의 미래를 결정할 인구현상에 대해 말씀을 나누겠습니다.

조영태▶ 한국에서는 태어나는 아이의 숫자가 줄어든다고 걱정을 많이 합니다. 베트남하고는 사정이 전혀 다르죠. 한국은 작년에 32만 명이 태어났는데, 베트남은 작년에 몇 명이 태어났는지 두 분 혹시 아시나요?

뚜언▶ 2018년 인구 및 가족계획 보고서에 따르면 전국의 신생아 수는 약 156만 명으로, 한국보다는 훨씬 많군요.

조영태▶ 맞습니다. 베트남은 작년뿐 아니라 지난 15년 동안 매년 140만~150만 명이 태어났습니다. 베트남 정부 인구국의 목표는 출산율보다는 태어나는 아이가 계속 130만~140만 명 정도로 유지되도록 만드는 것입니다. 이렇게 하는 데는 이유가 있습니다. 인구구조가 바뀌면 그에 맞춰 사회도 변화되어야 하는데, 아시다시피 사회구조는 빨리 변화할 수 없어서 인구구조가 급격히 변화하면 사회 전체에 혼란이 옵니다. 그러므로 인구구조가 자꾸 바뀌는 것보다는 어린 연령대에서 위의 연령대까지 비슷한 규모로 유지되는 게 매우 중요합니다. 베트남도 지금까지는 출산율을 낮춰서 출생아를 줄이려 했지만, 이제는 매년 태어나는 아이의 숫자가 일정하게 유지되는 것이 중요하다는 점을 인식하고 그렇게 만들려고 노력 중입니다. 출생인구는 베트남의 오늘만이 아니라 10~20년 후 시장의 크기를 알려줄 수 있어서 매우 중요합니다.

뚜언▶ 지금 이야기를 들으니 생각나는 신문기사가 있습니다. 유니세프(UNICEF)는 2019년 1월 1일 베트남에서 신생아가 4268명 태어날 거라 추정했다는군요.

조영태▶ 하루에요?

뚜언▶ 네, 하루에.

조영태▶ 2019년 5월 인구 1000만 도시 서울시에서 태어난 아이가 약 4500명인데, 서울시에서 한 달간 태어날 신생아가 하루에 태어난 셈이네요.

뚜언▶ 베트남 문화에 따르면 2019년은 아주 좋은 해거든요.

조영태▶ 맞아요. 황금돼지해예요.

뚜언▶ 그래서 많은 이들이 올해 자녀를 낳겠다는 계획이 있었습니다. 이처럼 베트남 인구를 연구하실 때 인구학만이 아니라 문화적 특성으로도 접근하시면 도움이 될 것 같습니다.

중▶ 지금까지 베트남의 가족계획사업은 인구를 안정화하고 국가의 사회경제를 발전시키는 데 많은 기여를 했습니다. 이제 베트남 정부는 인구정책에 새로운 맥락을 고려하려 하는데요. 베트남 공산당 중앙위원회는 2017년 제6차 회의에서 매우 중요한 결정들을 내렸습니다. 그중 하나가 새로운 환경 속 베트남 인구정책에 관한 것이었습니다(21-NQ/TW, 세션 XII). 그 내용은 이렇습니다. "인구의 규모, 구조, 분포 및 질이 국가의 사회경제적 발전과 포괄적으로 연계되도록 기획한다. 인구대체출산율을 굳건히 유지하고 출생시 성비 불균형 문제를 해결한다. 경제발전에 유리한 인구구조를 확실히 활용한다. 인구고령화에 합리적으로 대응한다. 인구의 질을 향상시켜 빠르고 지속가능한 국가발전에 기여하도록 만든다." 베트남 정부의 인구에 대한 시각과 인식이 확실하게 전환된 측면을 보여주는 내용입니다. 예전에는 가족계획을 중심으로 한 인구정책이었다면 지금은 국가의 발전과 포괄적으로 연계되는 인구를 기획하는 방향으로 바뀐 것입니다. 그래서 이 책이 출간된다면 베트남이 발전하는 데 큰 도움을 줄 수 있을 거라 생각합니다.

뚜언▶ 중 교수님의 말씀을 다시 한 번 강조하고자 합니다. 지금 베트남은 인구의 중요성을 매우 잘 알고 있습니다. 베트남의 인구정책은 원래 가족계획 위주의 정책이었습니다. 그러나 이제는 경제발전으로 전환되었습니다. 베트남 인구뿐 아니라 전 세계 인구문제를 폭넓게 연구한 결과 인구정책은 가족계획으로 끝나면 안 되겠다, 인구와 경제발전을 병행해야만 우리가 발전할 수 있다는 인식전환이 가능해졌습니다. 인구에 대한 베트남 정부의 인식전환에는 조영태 교수님의 역할도 컸다고 생각합니다. 교수님이 베트남 인구국에 자문해주신 내용으로 인구국에서 정부 관계자들에게 '인구가 이렇게 중요하구나, 발전하려면 인구정책을 이렇게 해야 하는구나' 하고 설득했기 때문 아닐까요?

조영태▶ A little(웃음).

뚜언▶ 아까 중 교수님께서도 말씀했지만 이 책은 한국과 베트남뿐 아니라 다른 나라의 투자자와 기업들에게도 도움이 될 겁니다. 다른 나라 시장을 파악할 때 인구학의 시각으로 본다면 그 나라에 대한 간접적인 경험을 할 수 있으니까요. 경제학적 시각으로 보면 모든 사업가들은 최대한 이득을 가져가려 하는데, 외국인 투자자들에게 인구학적 관점이 더해지면 경제적 이익을 극대화하는 동시에 현지 국가에 대한 책임도 다하게 될 것이라 생각합니다.

"청년들도 투자자도, 인프라 없는 곳엔 가지 않습니다"

조영태▶ 베트남의 미래를 결정할 인구현상으로 인구의 지역적 분포도 생각해볼 문제입니다. 한국의 인구가 약 5000만 명 정도인데 이 중 거의 절반이 서울과 경기도, 인천을 포함한 수도권에 살고 있습니다. 그래서 한국 사람들은 다른 나라도 한국과 비슷할 거라고 막연히 생각하고 있습니다. 베트남도 한국처럼 하노이와 호치민 시에 엄청 많은 인구가 몰려 살 거라고 생각하는 겁니다.

물론 그렇지 않죠. 베트남의 총인구는 약 9600만 명인데, 한국인들이 관심 갖는 하노이, 호치민, 다낭에는 약 18%밖에 없습니다. 전체 인구의 65%는 농업에 종사하고 있고요. 현재 탱화성에만 약 360만 명이 살고 있고, 응에안성에는 약 312만이 있습니다. 한국은 모든 역량을 서울과 수도권에 집중시켜 발전하는 모형을 택했던 반면 베트남은 여전히 많은 사람들이 지방에 살고 있다는 이야기입니다. 물론 하노이와 호치민 시를 중심으로 발전하고 있기는 하지만요.

베트남 인구국은 2030년이 되면 농업인구가 56%로 줄어들 것으로 예상하고 있습니다. 인구를 바탕으로 발전을 이야기하는 입장에서 볼 때, 이제 베트남은 한국처럼 하노이와 호치민 같은 대도시를 중심으로 발전할지, 아니면 미국이나 유럽처럼 여러 곳에 거점도시를 두고 굳이 모든 사람이 하노이나 호치민에 오지 않더라도 거점에서 발전하는 모형으로 갈지를 결단해야 합니다. 아직 베트남 인구국의 주요 의제는 아니지만 그래도 저는 베트남 전역이 동시에 발전하려면 한국처럼 하노이, 호치민만 키워서는 안 된다고 이야기하고 있습니다.

중▶ 베트남 인구분포에 대한 접근방법으로 두 가지를 말씀해 주셨고, 균형발전이 바람직하다는 조언도 동시에 해주셨는데요. 베트남 정부가 지향하는 바도 다르지 않습니다. 베트남도 하노이와 호치민 등의 대도시만 발전하는 것보다는 국토 전역에서 지속가능 발전이 이루어지도록 비교우위와 경쟁우위를 바탕으로 각 지역을 개발하기 위해 많은 노력을 하고 있습니다.

베트남 인구의 80% 이상이 하노이, 호치민, 다낭 이외의 지역에 거주하는 만큼, 이 세 곳만 알면 베트남을 다 안다는 것은 착각입니다. 베트남이 발전하는 데에는 한 가지 아주 중요한 배경이 있는데, 전통문화와 관습의 영향력이 지금도 매우 크다는 것입니다. 이는 인구분포에도 큰 영향을 미칩니다.

조영태▶ 외국인인 제가 단언하기에는 조심스럽지만, 지금처럼 하노이와 호치민이 발전하는 모습을 보면 응에안성이나 탱화성 등 농촌지역에 있는 청년들도 하노이나 호치민에 가서 더 많은 기회를 찾으려고 할 겁니다. 탱화성이 세 번째로 인구가 많은 지역임에도 그곳에서 만족을 못할 거란 말이죠. 베트남은 현재 5개 직할시와 58개 성(省)으로 이루어져 있지 않습니까? 그중 인구 500만 명이 넘는 곳은 하노이, 호치민밖에 없어요. 앞으로 베트남 정부는 하노이와 호치민을 중심으로 한 발전보다는 63개 행정구역이 다 함께 성장할 수 있는 조건을 만드는 데 더 신경 써야 할 것입니다. 그래서 저도 한국 기업들에게 하노이나 호치민에만 가지 말고 응에안성이나 탱화성 혹은 남쪽 메콩강 유역의 껀터(Cần Thơ)성 같은 데도 가야 한다고 의도적으로 이야기하고 있습니다. 안 그러면 외국 기업들의 투자는 앞으로도 계속 하노이와 호치민에 집중될 것이 뻔하기 때문입니다.

중▶ 말씀하신 내용은 베트남 정부의 관심사이기도 합니다. 베트남의 지정학적 특성을 보면 농촌지역이 국토의 대부분을 차지합니다. 이에 비해 베트남은 아직 발전 초기 단계라 사회 인프라에 투자할 여건이 충분하지 않습니다. 지방 출신 청년들이 도시에서 학업을 마친 다음에 자기 고향으로 돌아갈까요? 낙관하기 어렵습니다. 베트남 정부도 이 현상을 심각하게 인식하고, 지역에서 유능한 인적자원을 훈련하고 육성하는 방안에 대해 여러 가지 정책을 발표했지만 아직 효과는 미미합니다.

일반 투자자들, 특히 한국 투자자들은 인프라가 취약한 지역에 투자하기를 원하지 않습니다. 삼성전자의 경우만 보아도 쉽게 알 수 있습니다. 이들도 하노이 인근의 박닝(Bắc Ninh)성이나 인프라가 좋은 타이응우옌(Thái Nguyên)성에 진출했죠. 물론 베트남 정부는 외국인 투자를 가능한 많이 유치하려고 여러 가지 혜택을 주는 동시에, 지방의 운송 인프라 및 관련 산업 투자에 큰 관심을 기울이고 있습니다. 외국인 투자자들에게도 대도시 지역 못지않게 전국의 지방 및 지역에 투자하도록 장려하고 있고요.

뚜언▶ 하노이와 호치민 등 대도시에만 경제발전이 집중된다면 인구문제를 비롯해 문화적 갈등, 주거문제 등 엄청나게 많은 문제들이 생길 것입니다. 따라서 베트남은 어디까지나 균형발전을 추구합니다. 다만 자원이 한정돼 있기 때문에 일정 기간 동안 특정 지역을 경제발전 중심지로 선정해 경제를 육성한다는 전략을 추진하고 있습니다. 발전에 성공하면 이들 중심지가 인근 지역의 인구를 흡수하게 되겠죠. 자연스러운 현상입니다.

균형발전 정책을 추진한다면 외국인 투자자들은 어디에 어떤 식으로 투자해야 하는지가 과제로 남습니다. 한국과 베트남이 1992년에 정식 수교했으니 올해로 27년째군요. 27년간 양국의 수교관계를 돌아보고, 아울러 한국 투자자들이 지금까지 어떤 투자를 해왔는지 살펴보면서 앞으로의 투자형태와 결정방향을 논의할 수 있을 겁니다.

이것이 베트남을 바라보는 한국의 관심사라면, 베트남의 관점에서도 고려해야 할 사항이 있습니다. 하노이 외곽 또는 호치민시 외곽에 외국인 투자자를 유치하기 위해 베트남은 무엇을 할 수 있을까요? 어떻게 하면 과도한 인구이동이 일어나지 않을지 심사숙고해서 정책을 선택해야 합니다. 기업이 필요로 하는 인적자원을 차질 없이 제공할 수 있는 정책을 마련하는 것도 중요합니다. 우리가 이런 식으로 접근한다면 인구와 경제발전, 그리고 인구와 국가의 미래 사이의 연관성을 찾을 수 있을 겁니다.

중▶ 앞에서 15~20년 후 한국이 나이 든 국가가 될 거라고 하셨지요? 인구가 고령화되니까요. 그렇다면 한국 기업이 베트남에 투자할 때 당장 돈을 벌어서 한국에 가지고 돌아갈 생각만 하기보다는 베트남을 15년, 20년 후 고령화된 한국의 대안으로 삼는 것이 더 좋지 않을까요. 지금 한국인을 포함해 외국인 투자자들은 베트남의 장점만 고려해 투자 대상을 선택하고 있습니다. 예를 들면 국제공항 근처이거나 항만에 가까운 지역, 아니면 인건비가 싼 지역 등이죠. 그러나 인건비는 베트남 노동자들에게도 아주 중요한 문제입니다. 한국 기업들이 투자하는 산업단지에서 각양각색의 문제가 발생하기도 합니다. 여기에는 많은 이유가 있을 텐데, 첫째는 임금이 너무 낮아서 그 돈으로는 노동자들이 생활하기 어렵다는 겁니다. 예를 들면 타 지역에서 오는 근로자들은 월급으로 400만 동을 받아서 집세를 내고 나면 도저히 생활할 수가 없습니다. 살던 집 근처에 직장을 구할 수 있으면 집세가 따로 들지 않을 텐데 말입니다. 그렇게 되면 지금과 같은 저임금으로도 저축은 물론 비교적 여유 있는 생활도 가능할 겁니다. 좋은 일자리가 여러 지역에 있어서 노동자들이 대도시로 이주하지 않고도 일할 수 있다면 가장 좋겠지요.

"은퇴연령 조정이
필요한 시점"

조영태▶ 이번에는 베트남의 연령구조에 대해서 말씀
나눠볼까요. 한국인뿐 아니라 일본인과 미국인도 베
트남은 무조건 젊은 나라라고만 생각하고 있을 겁니다. 틀린 말
은 아닙니다. 베트남의 평균연령이 31.8세이고 15세 미만 인구
가 전체 인구의 23.7%나 되니 정말 젊은 나라죠. 그런데 지금 베
트남의 인구국이 고민하고 있는 문제 중 하나는 다름아닌 인구
고령화입니다. 이 이야기를 한국 기업에 하면 다들 놀라더군요.
무슨 소리냐, 베트남은 다 젊은데, 이렇게 말합니다.

2018년 현재 베트남 인구 중 8.3%가 65세 이상입니다. 인구
국의 장래인구추계에 따르면 2024년에는 900만 명이 돼서 9%,
2029년에는 1140만 명이 돼서 고령자의 비중이 11%로 증가할

거라 합니다.

뚜언▶ 맞습니다. 베트남 정부도 심각하게 인식하는 문제입니다. 고령화와 관련해 베트남은 이미 경고단계에 들어섰습니다. 고령화 속도가 너무 빨라지자 정부도 인구정책 방향을 전환했고요. 2029년에는 고령자 비중이 11%까지 된다니 더욱 경각심이 드는군요. 65세 이상 인구를 지탱해줄 젊은 인구를 위한 정책이 더 보완되어야 합니다.

조영태▶ 고령자가 많으면 어떤 일이 일어날까요? 한국도 고령화가 되면서 고령자 케어를 누가 부담할 것인가 하는 것이 첫 번째 문제로 떠올랐고요. 이는 결국 사회복지제도를 확충하는 것으로 귀결됩니다.

두 번째는 고령자는 건강이 악화되기 마련이므로 건강관리를 더 강화해야 합니다. 고령자들의 건강관리에 신경 쓴다는 건 의료 관련 산업이 커질 수밖에 없다는 이야기입니다. 베트남 인구국은 보건부 산하기관인데 고령인구의 건강관리 업무도 맡고 있습니다. 고령인구의 건강을 관리하는 일환으로 고혈압이나 당뇨 등 만성질환 예방과 치료를 준비하는 한편 각 지역 병원에 고령자들을 위한 케어시설을 만들어야 할지 진지하게 검토하고 있습니다.

뚜언▶ 인구 고령화 현상을 인식한 베트남 정부는 복지정책과 함께 노동연령을 지금보다 더 연장하는 방안도 고려하고 있습니다. 현재 55세인 여성들의 최저퇴직연령을 남성과 동일하게 55~60세로 연장하는 법안이 국회에서 통과되기를 기대하고 있습니다. 베트남 사람들의 소득이 증가함에 따라 생활수준도 높아지면 앞으로 더 오래 살게 되겠죠. 교수님의 분석과 조언을 들으니 왜 교수님이 경제발전에 인구문제의 중요성을 그렇게 강조하시는지 이해가 됩니다.

중▶ 네, 처음에는 베트남의 출산율에 대해 설명한 다음 베트남 인구분포 이야기를 하고, 베트남의 미래에 우려되는 인구현상을 다루고 있는데, 매우 논리적인 접근방식입니다. 기업 및 투자자들 또한 베트남 인구의 겉모습만 볼 것이 아니라 이처럼 논리적으로 이해할 필요가 있습니다.

아울러 인구도 중요하지만 삶의 질 또한 매우 중요합니다. 베트남 정부도 사회보장 측면에 관심이 크고, 특히 고령자들의 삶의 질이 낮아질까 봐 매우 우려하고 있습니다. 한국은 어떻게 해결하고 있는지 모르겠는데, 베트남에는 이 문제를 장기과제로 인식하고 국회에서도 진지하게 고민하고 있습니다. 과연 고령자들이 연금으로 생활할 수 있는지도 검토해야 할 문제입니다. 최근 들어 연금보험을 일시에 수령하는 근로자들이 일부 있었습니다. 문제는 이 사람들이 얼마 후 자신의 삶을 영위하기 위해 연금 외에 무엇을 취할 수 있는가 하는 것입니다. 고령자의 삶의 질을 가장 효과적으로 향상시킬 방안을 (조 교수님께서) 제안해주시면 감사하겠습니다(웃음).

뚜언▶ 한국은 법적으로 남녀 간 은퇴연령에 차이가 있습니까?

조영태▶ 아뇨, 똑같습니다. 공무원은 60세이고, 일반기업도 60세이지만 보통 55세 무렵에 임금 피크에 도달한 다음 점점 급여가 떨어지기 때문에 대부분 그때쯤 퇴사합니다. 다만 현재 우리나라의 50대 여성들은 40대보다는 사회활동을 적게 하셨고, 주로 남성들이 일을 많이 했기 때문에 현재 노동시장만 보면 마치 남자와 여자의 은퇴연령이 다른 것처럼 보이는 것뿐입니다.

뚜언▶ 한국인들도 생활수준이 높아지고 건강도 좋아지면서 평균수명이 높아졌지 않습니까? 은퇴연령을 60세보다 더 높게 조정할 계획은 없습니까?

조영태▶ 한국 정부도 지금 정년 연장을 논의하고 있습니다. 아직 몇 세로 연장될 것인지에 대해 결정된 바는 없지만 아마도 65세가 될 가능성이 매우 높습니다. 일본 등 다른 나라들은 일단

62세 정도로 늘린 다음 점진적으로 조정하는데, 우리나라는 단번에 65세로 조정하는 것이죠. 얼마 전 대법원이 육체근로를 하다가 사고를 당한 사람이 만약 사고가 없었다면 몇 살까지 근로할 수 있었는지를 다투는 소송에 대한 판결문에서 65세를 근로 가능한 연령으로 판단했습니다. 대법원의 판례가 65세로 발표되면서 지금 한국에서의 정년연장 논의는 65세가 마치 디폴트(default)처럼 되어버렸습니다.

기업 입장에서는 60세 정년이 갑자기 65세가 되면 경영이 어려워질 수 있습니다. 일시에 인건비 부담이 늘어나니까요. 그래서 기업은 이 조치를 반기지 않지만 정년연장의 혜택을 받는 당사자들은 좋아하겠죠. 여하튼 그 판례 이후 2019년 6월에 경제부총리가 우리도 정년연장을 논의해야 할 시점이 되었다고 국민들에게 천명했는데, 그때 많은 언론에서도 65세 정년연장으로 분위기를 띄웠습니다.

사실 그 소송이 대법원에서 진행될 때, 앞으로 사람들이 몇 살까지 일할 수 있고 실제로 일을 해야 하는지에 대해 참고인 진술을 해달라고 제게 요청이 왔습니다. 저는 정년연장을 점진적으로 실시해야 사회적 혼란이 크지 않을 것이라는 생각을 하고 있었는데, 공교롭게도 대법원에서 참고인 진술을 해달라고 한 날짜가 제가 베트남 정부에 인구정책 자문을 가는 시기와 겹쳤습니다. 그래서 제가 못 가고 다른 분이 가서 참고인 진술을 했고, 그분이 65세가 적절하다는 의견을 낸 것이죠. 결과적으로 우리나라의 정년이 현행 60세에서 65세로 연장된다면 제가 참고인 진술을 못 했으니 제가 기여한 부분이 있는 셈입니다. 정확히는 베트남 정부가 기여한 것이겠네요(웃음).

뚜언▶ 그런 일이 있었군요. 개인적으로 예상하건대 베트남 국회에서도 조만간 은퇴연령을 조정하는 법안을 논의하리라 봅니다.

"가족은 여전히 중요한 사회단위"

조영태▶ 이번에는 가족구성에 대해 살펴볼까요? 가족은 사회를 구성하는 기본단위로 인식되죠. 지금 한국은 평균 가구원 수가 2.4명입니다. 원래 4인가구가 대세였는데 변화하고 있는 겁니다.

4인가구가 많으면 제품도 4인에 맞춘 것들이 많이 팔립니다. 아파트도 방 3개나 4개짜리의 수요가 더 많고요, 4명이 먹어야 하니 냉장고도 커집니다. 차도 뚜언 교수님이 좋아하시는 SUV가 많이 팔립니다. 그런데 가구원이 줄어들면 방이 3~4개씩 필요 없고, 냉장고도 작아도 되고, 자동차도 SUV가 없어도 되는 변화가 생깁니다. 가구는 결국 소비의 단위이기 때문에 가구 크기는 소비시장의 변화를 가늠하는 데 매우 중요합니다.

뚜언▶ 맞는 말씀입니다. 가족이 많은 집에서 쓰는 에어컨은 당연히 1~2인가구가 사용하는 것과는 크기와 용량부터 다릅니다. 저만 해도 예전에는 5~6인 가족이었는데 아이들이 장성해 다른 지역으로 이사했습니다. 이제는 제가 좋아하는 7인승 SUV를 4인승 차로 바꾸려고 합니다.

조영태▶ 그런데 제가 볼 때 베트남은 여전히 여러 명이 사는 다인가구가 시장에서 가장 중요할 것 같습니다. 2015년 센서스에 따르면 베트남의 평균 가구원 수는 3.7명입니다. 한 집에 5~6명이 사는 집도 여전히 22%나 됩니다. 베트남도 1~2인가구가 늘어나고는 있지만 가구라는 건 단기간에 변화하기 어렵기 때문에 베트남의 경제단위는 여전히 3~4인가구로 보는 게 맞고, 앞으로도 20년 동안은 유지될 거라고 봅니다. 특히 젊은 인구들은 부모와 자녀 2명이 함께 사는 집이 많은데 이들이 점점 더 아파트에 몰리게 될 테고, 그러면 한국에서 아파트가 늘어날 때 함께 성장했던 가전제품, 자동차, 가구 및 4인가구용 소비재 등이 베트남에서도 계속 성장하게 될 겁니다.

그렇다고 1인가구가 없느냐, 그건 아닙니다. 베트남의 1인가구의 비중은 9%이고, 젊은이들이 모여드는 하노이와 호치민에서는 13%나 됩니다. 한국은 지금 1인가구가 차지하는 비중이 전체 가구의 29%입니다. 2인가구도 27%나 되고요. 그 결과 한국은 1~2인가구를 겨냥한 소비재가 속속 나타나고 있습니다. 베트남도 그렇게 될까요? 저는 그렇지 않을 거라고 봅니다. 베트남의 1인가구는 아직 소비력이 크지 않거든요. 하노이, 호치민의 1인가구는 대부분 지방에서 올라온 청년들인데 이들은 아직 돈을 많이 못 벌고 부유하지 않습니다.

뚜언▶ 베트남의 다인가구가 앞으로도 20년간 주도할 거라고 하셨는데, 과연 그럴까요? 전통적으로 그랬고 지금도 베트남에 5~6인가구가 여전히 있습니다만, 베트남의 젊은 층과 기성세대는 세대차가 확연합니다. 소득도 늘어나고 생활수준도 점차 높아지고 있고요. 옛날에는 다 같이 살 수밖에 없는 상황이었지만 지금은 아파트도 많이 생겼습니다. 생활환경이 개선됨에 따라 다인가구 모델은 조만간 변화를 겪을 거라 생각합니다. 점점 줄어들겠죠. 베트남의 전통적 다인가구는 앞으로 1~2인가구 형태로 분화될 겁니다. 만약 말씀하신 대로 20년간 4인가구 모델이 계속 유지된다면 제가 다시 공부해야겠군요.

중▶ 조 교수님은 베트남 통계국의 통계자료를 쓰시죠? 그런데 베트남에는 한 집이나 아파트에 같이 살면서 세대만 분리한 경우가 더러 있는데, 이 통계에서는 세대가 어떻게 계산되는지 확인할 필요는 있을 듯합니다.

베트남은 개혁개방 정책을 30년 넘게 추진했으며, 최근 민간경제가 국가발전의 중요한 원동력 중 하나로 인식되고 있습니다. 그리고 민간경제의 발전방향은 전통적인 가족문화에도 영향을 미칩니다. 베트남에는 가족소유 기업이 많습니다. 한국의 재벌처럼 규모가 크진 않지만 아내가 사장, 남편이 이사, 자녀가 회계 담당이 되는 등의 가족기업들이 있죠. 각 세대의 능력에 따라 회사의 규모와 생산 및 비즈니스 의사결정을 하는 가족들입니다. 저는 이들 가족기업에 대해 더 많은 연구가 이루어져야 한다고 생각합니다.

결론적으로 저는 조 교수님과 생각이 같습니다. 베트남의 인구가 증가하고 경제규모 및 경제모델이 변화하더라도 다인가구 구조가 크게 변화하지는 않을 거라고 판단합니다. 한편으로 뚜언 교수님은 베트남 가구규모도 점차 작아질 것이라고 말씀하셨는데요. 뚜언 교수님 말씀처럼, 베트남 사람들에게 몇 명이 같이 사는지 물으면 여전히 4~5인가구가 많지만 점차 2~3인가구로 줄어들 겁니다. 하지만 경제 측면에서 보면 가족기업은 중요하며, 그 중요성은 점점 커지고 있습니다. 최근에는 가족기업의 수도 급격히 증가했고요. 이러한 측면에서 저는 다인가구 구조가 한동안 지속될 거라고 생각합니다.

조영태▶ 제가 보기에 뚜언 교수님은 가족단위에서 일어나는 변화에 대해 말씀해주신 것이고, 중 교수님은 베트남 사회에서 가족이 여전히 중요한 단위가 될 거라는 말씀을 하신 것 같습니다. 두 분 말씀이 상반되는 게 아니라 다 맞는 이야기죠. 사회에서 가족은 여전히 중요합니다. 그러나 가족이 반드시 한 집에 4~5명씩 모여 살지는 않는다는 점을 말씀해주신 것 같습니다.

뚜언·중▶ 그렇습니다. 접근하는 시각이 다른 것이죠.

"교육열을
대학에 담아내는 것이
지상과제"

조영태▶ 이번에는 베트남의 교육에 대해 이야기를 나눠볼까요. 제가 베트남에 처음 갔을 때 일인데요. 길거리에서 과일 파는 분이 제게 어디서 왔냐고 물어보셔서 한국에서 왔다고 대답했습니다. 그분은 영어를 못하고 저는 베트남 말을 하나도 못할 때였는데, 신기하게도 그분이 무슨 말을 하는지는 알겠더군요. '혹(hoc)'이라는 단어가 들렸는데, 이게 '공부'를 뜻하는 '학(學)'과 비슷하잖아요? 바로 알아들었죠. 옆에 열 살 정도 되어 보이는 아들이 있었는데, 자기 아들도 저처럼 공부를 했으면 좋겠다는 것이었어요. 그 후 베트남 사람들이 가장 높이 생각하는 가치가 자녀의 교육이라는 걸 확실히 느꼈습니다. 베트남의 여러 지역에 가봤는데, 자녀교육은 하노이나 호치민만이 아니라 지방에서 오히려 더 열심인 것 같더군요.

뚜언▶ 많은 외국인 전문가들이 베트남을 공부하는 사회, 공부를 열망하는 사회, 그리고 공부를 통해 성장할 수 있는 사회로 평가하는데, 깊이 공감합니다. 학교 교육만 중요시하는 것이 아닙니다. 베트남에 이런 속담이 있습니다. '스승에게서 배우는 것보다 친구에게서 배우는 게 더 많다.' 학교에서뿐 아니라 주변 사람에게서도 배워야 한다는 것이죠. 베트남에 있는 대학뿐 아니라 한국과 같은 세계의 친구로부터 가르침을 받고 있다는 의미도 되겠죠. 지금 이 순간에도요.

조영태▶ 감사합니다. 다만 교수로서, 또 인구정책 자문으로 있으면서 느낀 게 있습니다. 두 분께는 죄송한 말씀이지만, 저는 베트남이 한국만큼 빨리 성장할 거라고는 보지 않습니다. 이유는 교육 때문인데요. 한국이 이만큼 발전할 수 있었던 가장 중요한 요인 중 하나가 양질의 대학교육입니다. 일본도, 중국도 마찬가지죠. 1990년대 초반 한국이 급속도로 성장할 때 제가 재직하고 있는 서울대학교를 비롯하여 좋은 대학들이 많이 있었습니다. 각 대학들은 좋은 교수들을 확보하기 위해 노력했지요. 일본은 도쿄대, 오사카대학 등 세계적인 대학이 한국보다 더 많고, 중국도 다 아시다시피 옛날부터 좋은 교육을 많이 시켰죠. 베트남이 더 발전하려면 수준 높은 대학교육이 반드시 필요합니다.

뚜언▶ 아뇨, 전혀 기분 나쁘지 않습니다. 현실을 인정해야죠. 한국과 싱가포르, 일본 등 아시아의 선진국들과 비교해볼 때 베트남에 제대로 된 교육 시스템이 없다는 것은 엄연한 사실입니다. 베트남인들도 양질의 교육을 접해본 적이 없었고요. 베트남이 더 발전하려면 당연히 교육 시스템을 개선해야 합니다. 아시아 지역을 포함해서 세계적 관점으로 볼 때 저희가 내세울 만한 여지는 아직 없습니다. 베트남 정부도 교육의 질을 향상시키기 위해 노력하고 투자도 많이 하고 있지만 여전히 충분하지 않습니다. 아시아 100개 대학 리스트에 베트남 대학은 5개밖에 없습니다. 반면 한국은 아시아 톱10 대학에 서울대학교(8위)와 카이스트(10위) 2개나 있더군요. 우리는 이번 기회에 서울대학교에 대해 공부하고 배우고 싶습니다.

조영태▶ 말씀하신 대로 다행히 오늘날 베트남은 개인과 국가 모두 교육에 엄청나게 투자하고 있습니다. 2017년 베트남 통계국에서 나온 자료를 봤는데 전체 공무원의 69%가 교육 관련 업무에 종사하고 있더군요. 그만큼 국가에서 교육을 강조하고 있다는 뜻이겠죠. 다만 아직 대학까지는 아니고 고등학교까지의 교육에 치중하는 것 같습니다. 제가 하노이에 있으면서 흥미로운 현상을 하나 발견했는데요. 뚜언 교수님, 따님이 어느 고등학교를 나왔죠?

뚜언▶ 외국어 고등학교(Foreign Language Specialized School)에서 공부했습니다.

조영태▶ 한국과 똑같아요. 한국에도 예전에 서울고등학교, 경기고등학교, 경복고등학교 같은 명문고가 있었습니다. 지금은 외고나 과학고, 자사고가 각광받고 있고요. 좋은 대학을 나와 사회에서 성공하려면 좋은 고등학교를 나와야 한다는 인식이 한국 사회에도 꽤 강합니다. 제가 알기로 과거 한국의 명문고처럼 지금 베트남에서는 암써(Hanoi-Amsterda High School)나 추바난 고등학교(Chu Văn An High School) 혹은 응우옌후예 영재고등학교(Nguyen Hue Gifted High School)를 나온 사람들, 혹은 외고를 나온 사람들이 좋은 대학에 진학하거나 다른 나라로 유학을 가고 있고, 앞으로 10여 년 후에는 이들이 사회에서 큰 역할을 맡게 되겠지요? 그래서 이제는 베트남도 좋은 고등학교를 나오는 게 굉장히 중요해진 것 같습니다. 한국과 베트남뿐 아니라 일본, 중국에도 공통적인 현상입니다. 한국이 지금처럼 발전하는데 고등학교가 중요했고, 지금 베트남에서도 고등학교가 중요하고요. 그런데 앞으로 베트남이 한국처럼 더 발전하려면 대학교육까지 이어져야 하는데, 안타깝게도 지금까지는 베트남에 좋은 대학이 많지 않습니다. 베트남이 앞으로 서울대, 도쿄대, 베이징대, 칭화대 같은 좋은 대학을 만드느냐 아니냐에 따라 더 발전하느냐 못하느냐가 결정될 거라 생각합니다.

중▶ 저 또한 낙후된 교육 시스템에 대한 지적은 당연하다고 생각합니다. 있는 그대로의 현실이니까요. 베트남에서 대학평가를 한 결과 또한 아직 우리는 '감탄할 만한' 높은 학업성취도를 이루지 못했음을 보여줍니다.

베트남 교육에 대한 토론은 수십 년 동안 계속되고 있습니다. 유치원 교육부터 대학교육까지요. 국회뿐 아니라 거리에서도 모두 베트남의 교육개혁에 대해 이야기하고 있습니다. 조 교수님께서 언급해주신 암써와 추바난 고등학교는 베트남의 명문 고등학교 중 일부이고, 다른 지역에도 훌륭한 고등학교들이 있습니다. 베트남 전역에서 공부한 인재들 중 상당수가 고등학교 졸업 후 대학에 진학하여 유학을 갑니다. 학업이 끝나면 일부는 고국에 돌아오지만 일부는 그 나라에 남아 있죠. 조 교수님이 긍정적으로 평가해주신 것처럼 베트남은 공부하는 사회입니다. 또 공부에 대한 열망이 간절한 사회이고요, 공부를 해야 사람이 될 수 있다는 사고방식을 가진 사회입니다. 다만 열망하는 문화와 현실과의 간극이 아직은 큰 것이 사실입니다.

조영태▶ 맞습니다. 제가 찾은 바에 의하면 지금 베트남이 소셜리제이션을 많이 추진하던데요. 인구국도 소셜리제이션을 하고, 교육과 관련해서도 교육 콘텐츠는 물론 학교까지 소셜리제이션한다는 자료를 보았습니다. 그런데 '사회화'라 하면 한국에서는 좀 더 공공성을 강화하는 것을 의미하는데, 제가 알기로 베트남에서 소셜리제이션은 민간부문과의 협력에 더 중점을 둔다는 것으로 이해했습니다. 맞는지요?

중▶ 예를 들어 설명하는 것이 좋겠습니다. 지금 베트남에서 추진하는 '교육 소셜리제이션'의 한 가지 형태는 개인이 사립학교를 설립할 수 있도록 허용하는 것입니다. 고등교육의 경우 베트남 고등교육법이 2012년 국회에서 통과돼 2018년에 개정되었습니다. 현재 베트남은 더 많은 자율권을 부여하여 고등교육 시스템을 적극적으로 개혁하고 있습니다.

제가 알기로 하노이와 호치민 시에 소재한 베트남 국립대학교(Vietnam National University) 두 곳은 현재 여러 해외 대학과 학생 및 교수 등 인적자원 교류는 물론 교육 및 연구협력을 강화하기 위해 노력하고 있습니다. 하노이와 호치민 시 외곽에 시설 투자도 하고 있고요. 앞으로 베트남 국립대학교의 발전을 기대해도 좋을 거라 생각합니다.

"정치체제야말로
베트남의 발전요소"

조영태▶ 이번에는 인구현상은 아니지만 한국인들이
많이 궁금해하는 사안을 여쭐게요. 정치에 대한 이야
기입니다. 정말 많은 한국인들이 베트남의 정치체제가 중국과
크게 다르지 않을 거라고 생각합니다. 중국은 시진핑 주석에게
강력한 권력이 집중되어 있어서 주석이 된다고 하면 되고, 안 된
다고 하면 안 되잖아요. 그래서 한국 기업들은 베트남도 중국처
럼 정권이 바뀌거나 새로운 지도자가 나타나면 기존에 투자해놓
은 걸 회수도 못하고 어려워지는 건 아닐지 걱정하고 있습니다.

그리고 또 한편으로는 베트남이 사회주의 국가이면서 동시에
시장경제를 받아들여 이제 막 발전하기 시작하는 나라잖아요.
한국 사람들은 사회주의를 잘 모르기 때문에 체제에 대해 막연

하게 불안한 느낌이 있어요. 공산당이 어느 날 갑자기 '안 돼'라고 하면 열심히 하다가도 그날부터 못하게 될까 봐, 이런 걱정을 합니다.

하지만 저는 그런 걱정은 전혀 맞지 않다고 생각합니다. 이유가 있는데요. 작년(2018년)에 꽝 주석이 돌아가셨죠? 한국이라면 대통령의 사망은 굉장히 중요한 사안이었을 겁니다. 저도 굉장히 놀랐고요. 꽝 주석이 사망했다는 소식이 전해졌을 때 저는 베트남에 가느라 비행기에 있었는데, 한국에서 아내가 뉴스를 보고 '지금 그곳은 괜찮냐'고 걱정하는 문자를 보냈어요. 저는 하노이 공항에 도착해서 뒤늦게 문자를 봤는데, 막상 공항 밖에 나오니 사람들이 아무런 동요가 없었습니다. 그래서 생각해보니, 베트남은 권력을 4명이서 나눠 갖잖아요. 지금은 3명이지만요. 당서기장, 국회의장, 대통령격인 국가주석, 총리. 이렇게 4명이 정치권력을 나눠 갖는 게 중국처럼 한 명이 갖는 것보다 안정적이어서 불안해하지 않았던 것 같습니다.

그러므로 한국 사람들이 갖고 있는 베트남 정치에 대한 불안감, 중국에서 우리 기업들이 이미 경험했던 (사드 보복조치 같은) 돌발변수는 베트남에서는 없지 않을까, 베트남의 정치는 오히려 안정적이어서 사회가 발전하는 데 불확실성이 아니라 예측 가능성을 높여주지 않을까 생각합니다.

뚜언▶ 맞는 말씀입니다. 이건 베트남인으로서 우리 두 사람의 개인적 의견이 아니라 공식적으로 확언할 수 있습니다. 작년 9월 21일에 꽝 주석이 돌아가셨을 때 우리도 당연히 사망 소식에 큰 관심을 가졌습니다. 그러나 슬퍼하고 추모했을 뿐, 베트남 사회는 헌법과 법률의 틀 안에서 운영되는 베트남 공산당이 주도하기 때문에 사회가 혼란스러워질 것을 걱정하지는 않았습니다. 실제로 당은 베트남 국민들이 국가를 지켜내기 위해 싸우고 국가를 건설하도록 이끌었으며, 많은 어려움과 도전을 거쳐 모든 분야에서 큰 성과를 거두었습니다. 정치, 경제, 사회, 안보 및 국방은 물론 이제는 세계무대에서 베트남의 위상이 높아지고 있습니다. 베트남은 한 사람에게 권력을 쥐여주는 것이 아니라 기본 조직원칙으로서 민주주의에 중점을 두어 집단 지도체제를 구현합니다. 리더들은 각자 맡은 분야를 총괄하고 정책을 마련하고 보완하고요.

중▶ 한국인들은 베트남과 중국의 정치체제가 유사하다고 생각할 수도 있습니다. 같은 사회주의 국가인 데다 서로 국경을 맞대고 있고, 중국도 개혁개방을 했고 우리도 개혁개방을 하고 있으니까요. 그러나 겉으로만 (중국과) 같아 보일 뿐 실상은 다릅니다. 베트남은 정치적으로나 사회적으로나 안정돼 있고, 이는 베트남의 현재 모습이 입증하고 있다는 것을 조 교수님께서도 한국 분들께 자신 있게 설명해주시길 바랍니다.

조영태▶ 이 밖에 한국인들이 베트남에 대해 오해하는 것들을 언급해보겠습니다. 첫 번째는 베트남 근로자들에 대한 선입견입니다. 한국인들은 베트남 근로자들이 매우 똑똑하고 기술도 있고 부지런하지만, 한편으로는 끝까지 헌신하지 않고 대충 만족하는 경향이 있다고 생각합니다. 친절하지만 오래가지 않는다는 평가도 있고요.

그다음에 한국 사람들은 베트남은 무조건 임금이 저렴하다고만 생각합니다. 제가 신문에서 찾은 자료에는 하노이와 호치민의 최저임금이 월 180달러 정도 됩니다. 다른 지역은 더 낮겠죠. 하지만 일하는 사람들을 좀 더 세분화해보면 이야기가 전혀 달라집니다. 전문직 종사자들의 임금은 현재 빠르게 오르고 있습니다. 기업들은 임금이 낮은 국가를 생산기지로 생각하는 경향이 있는데, 저는 한국 사람들에게 베트남에서도 전문직 종사자들의 소비여력이 커지고 인구도 많은 만큼 베트남을 생산기지가 아니라 소비시장으로 봐야 한다고 말합니다.

뚜언▶ 한국 투자자를 포함한 한국인들이 베트남 사람들에 대해 오해하는 것은 놀라운 일이 아닙니다. 정보가 부족하니까요. 그 부족한 정보를 보완하기 위해 우리가 이 책을 집필하는 것이고요.

양국이 서로를 오해하는 배경 중 하나는 두 나라의 문화적 유사성도 있습니다. 두 나라의 문화와 가치관에 공통점이 많지만 차이점도 분명히 있다는 것을 알려야겠죠. 현재 베트남의 산업단지에 입주한 많은 외국 기업에서 파업이 일어나고 있는데, 주요 원인 중 하나가 바로 문화차이입니다. 서로의 문화를 이해하지 못하기 때문이죠. 물론 저임금이나 고용자와 피고용자 간의 불화 등 여러 가지 이유도 있지만 말입니다. 참고로 베트남 노동사회부의 정부보고서에 따르면 2019년 1~6월까지 67건의 파업이 발생했는데, 이 중 17.9%만이 민간기업에서 일어났고 나머지 82.1%가 외국계 공장에서 일어났다고 합니다. 한국, 대만 및 중국 기업에서 가장 많이 발생했습니다.

한국에서는 파업이 일어나면 꽤 오랫동안 지속된다고 들었는데, 베트남은 2~3일 정도면 끝납니다. 또 아직까지 파업과 관련된 법안이 국회에서 통과되지 않았으므로 모든 파업이 합법으로 인정되지는 않습니다. 그럼에도 외국계 고용주와 베트남 노동자 간의 문화적 차이와 갈등 그리고 저임금은 한국을 포함한 외국 투자자들이 심각하게 고려해야 할 사항입니다.

중▶ 나라마다 정치체제 및 문화가 다르고, 베트남도 마찬가지입니다. 투자지를 선정하려면 입지를 연구하는 등의 현장 이해가 필수 아닙니까? 이와 마찬가지로 투자자들은 사회문제 같은 현지문화를 이해하려 노력해야 합니다.

조영태▶ 제가 한국인들이 갖고 있는 선입견에 베트남 근로자들은 똑똑하지만 끝까지 헌신하지 않고 대충 만족하는 경향과, 친절하지만 오래가지 않는다는 경향이 있다고 말씀드렸죠? 저는 그런 선입견을 가진 분들에게 이렇게 말씀드려요. 만일 북유럽 사람들이 한국인 근로자들을 보면 어떤 평가를 내릴 것 같냐고요. 아마 한국인 근로자들에 대해서도 똑같은 평가가 이루어질 겁니다. 그러면 한국인들이 반발하겠죠. 북유럽 사람들이 우리 문화를 제대로 이해하지도 못하면서 함부로 말한다고 말이죠. 한국인의 잣대로 베트남 근로자들을 평가할 때에도 마찬가지로 신중해야 할 것 같습니다.

"저임금과 부정부패의 연쇄고리를 끊어야"

조영태▶ 지금까지 나눈 이야기를 정리해보겠습니다.

우선 인구와 경제개발, 발전과의 관계를 다뤘습니다. 인구가 왜 발전에 중요하냐면, 국가가 발전하는 데 인구가 무조건 많다고 좋은 게 아니라 일하는 사람이 많아야 하고요. 교육수준이 높아야 국가가 발전하는데, 단순히 높기만 한 게 아니라 교육수준이 향상되는 속도가 빨라야 더 발전합니다. 즉 가장 중요한 게 교육수준이고, 교육수준이 향상되는 속도가 빨라야 합니다.

베트남 정부의 인구정책 방향이 발전을 지향하고 있으므로 앞으로도 베트남의 인구는 국가발전에 중요한 요소로 작용할 겁니다. 이때 농촌지역의 인구가 대도시, 한마디로 하노이와 호치민

시로 지나치게 모이지 않도록 하는 게 중요합니다.

긍정적인 면은, 베트남은 정치적으로 매우 안정되어 있고 교육열이 높다는 것입니다. 현재 공산당이 국가발전에 상당히 기여하고 있고, 정부에 대한 국민의 순응도가 높은 것도 장점이고요. 대외적으로는 인도차이나반도에서 가장 앞서가는 나라라는 점을 꼽을 수 있습니다. 이들 강점이 합쳐진 결과 베트남은 발전할 수밖에 없는 조건을 만드는 데 성공했습니다.

뚜언▶ 외국인임에도 베트남 상황에 대해 이렇게 깊이 이해하고 전망해주신 점이 놀랍습니다. 정리해주신 요인들이 더해져 베트남은 발전할 수밖에 없다고 한 말씀이 특히 인상적입니다. 저 또한 동의하는데, 이유는 여러 가지입니다. 인구와 경제발전은 서로 밀착해 있고 병행될 수밖에 없습니다. 그러므로 경제성장만 신경 쓰고 인구의 크기와 인구의 질을 도외시하기란 불가능합니다. 반대로 인구만 신경 쓰고 발전에는 무관심할 수도 없는, 양립의 문제입니다. 사실 베트남을 포함한 모든 나라가 마찬가지입니다. 인구구조에서 특히 노동연령에 있는 인구에 큰 관심을 가져야 합니다. 베트남 국회에서도 인구발전과 인구 질을 높이기 위해 특단의 전략적 정책을 펼쳐야 하고요.

인구의 질은 결국 삶의 질입니다. 삶의 질을 높이는 지름길은 여러 번 강조했듯이 교육에 투자하는 것입니다. 그리고 이러한 상황에서 한발 더 나아가려면 사회 안정을 유지해야 하겠죠, 물론 개혁개방도 지속해야 합니다.

조영태▶ 그렇습니다. 다만 베트남이 발전하려면 반드시 극복해야 할 리스크도 있습니다. 첫 번째, 베트남 국민들은 지금 부자가 되어가고 있는데 정부는 여전히 가난합니다. 베트남 사회가 고령화되고 있어서 앞으로 정부가 복지정책에 돈 쓸 일이 많아질 텐데, 그럴 만한 정부예산이 너무 적습니다. 물론 이것은 한국인의 관점에서 보는 것이므로 베트남 내부의 입장은 다를지도 모르겠습니다.

두 번째 리스크는 공무원들의 부패입니다. 이건 어느 나라나 다 경험했고 한국에도 여전히 있는 문제입니다. 베트남 정부도 이 문제를 심각하게 인식하고 있는 만큼 앞으로 차츰 개선되리라 기대합니다. 사실 공무원들의 부패를 줄이려면 공무원들의 급여가 높아져야 하는데 지금 너무 낮은 게 문제인 것 같습니다.

그리고 빈그룹, TH그룹 등이 부상하고 있지만 여전히 자국 기업들이 힘을 쓰지 못하고 있는 것도 문제입니다. 대학이 아직 제 역할을 못하고 있는 것도 발전의 걸림돌이고요.

뚜언▶ 발전전략을 수립할 때에는 순풍이 불어올 거라고만 생각해서는 안 되고 리스크를 항상 예상하고 대비하고 대응해야 합니다. 말씀하신 리스크 요인 중 부정부패가 있고 공무원들의 월급이 너무 낮다는 지적에 대해서도 공감합니다.

중▶ 저 또한 전적으로 공감합니다. 저임금 문제나 공무원의 부정부패에 대한 언급도 하셨는데, 베트남은 개발도상국이므로 정책도 앞으로 계속 변화될 겁니다.

조영태▶ 고맙습니다. 시간이 너무 지나서 이제 정리를 해야 할 것 같습니다. 많은 말씀을 드렸지만, 인구학자로서 제 결론은 베트남은 적어도 2040년까지는 'nothing but growth(오로지 성장뿐)'라는 것입니다(웃음). 그런데 이 정도를 넘어서 더 나아가려면 밀레니얼, 그리고 그 밑의 세대들이 교육을 더 잘 받아야 가능할 겁니다.

중▶ 오늘 아주 흥미로운 토론시간이었습니다. 조영태 교수님의 제안으로 이번 출간 프로젝트에 참여할 수 있어서 영광이었습니다. 오늘 저와 뚜언 교수님의 발언은 어디까지나 경제학자로서 개인적인 의견이며 다른 의도는 없다는 점을 말씀드리고요. 조영태 교수님께서 저희에게 이 책을 발간하는 목적이 베트남에 대한 한국인의 인식을 제고하는 것이라 하셨지만, 그 목적 이상을 달성할 수 있으리라 생각합니다. 책의 성공을 기원하겠습니다.

  조영태▶ 오늘 아주 열띤 공부를, 토론이 아니라 열띤 공부를 하
고 있어서 힘들지만 무척 즐겁습니다. 저희 연구실 학생들도 와
있는데, 학생들이 많이 도와주어서 고맙고 동시에 오늘 이야기
를 들으면서 우리 학생들도 많이 배우지 않았을까 기대도 합니
다. 오랜 시간 감사합니다.

성장의 결실을 함께 누리기 위한 마지막 요건

원고 집필과 대담, 교정을 하는 동안에도 베트남에 몇 차례 다녀왔다. 주로 하노이나 호치민 시를 방문하는데, 한두 달 만에 다시 찾아도 언제나 또 새로운 모습에 놀라곤 한다. 발전의 속도가 눈으로 확인할 수 있을 만큼 빠르다.

그리고 새삼 뿌듯한 사실은, 눈부신 발전의 한 축을 한국 기업들이 담당하고 있다는 것이다. 하노이 어디를 가도 한국 기업들의 홍보 간판이 눈에 띈다. 은행, 전자, 건설, 화학, 철강, 보험 등 우리나라를 대표하는 거의 모든 기업들이 베트남 성장의 중심에서 그 성장을 견인하고 있다는 실감이 난다. 우리나라의 기술력과 젊고 역동적인 베트남이 만나니 과거 우리나라 경제가 한창 성장할 때처럼 이루지 못할 것이 없을 것만 같은 벅찬 느낌마저 든다.

거리 수많은 상점들의 간판에 'Hàn Quốc(한국)'이라 적혀 있는 것을 곳곳에서 볼 수 있다. 한국 물건 혹은 한국 스타일의 물건을 판매하는 곳이 그만큼 많다는 얘기다. 다른 나라 물건을 파는 곳도 이만큼 많을까? 아니다. 오로지 한국과 관련된 기업과 상품만 베트남 일상의 부분이 되어 있다.

이런 장면을 눈으로 보고 있노라니 마음이 뿌듯해지는 한편, 머릿속에 이런 질문이 떠올랐다.

'한국 기업과 한류가 언제까지 베트남의 성장과 함께할 수 있을까?'

최소한 베트남의 성장은 계속될 것이다. 지금까지 상세히 살펴보았듯이 베트남 정부는 인구정책의 방향을 전면 재편했다. 얼마나 많은 사람들이 어느 지역에 어떤 특성을 가지고 사는 것이 베트남의 지속가능한 경제성장에 가장 적합한지 탐색하고, 언제부터 어떻게 그것을 달성할 수 있는지 인구를 기획하는 것을 인구정책의 중심으로 세웠다. 경제성장의 원동력인 인구구조 자체를 정부가 주도적으로 기획하고 관리하겠다는 것으로, 베트남이 얼마나 경제성장에 공을 들이고 있으며 얼마나 수도면밀하게 추진하고 있는지 알 수 있는 대목이다. 그만큼 실현 가능성도 커질 것이다.

그렇다면 이들이 준비하는 성장의 중심에 한국 기업들이 언제나 있으리라는 보장은? 장담할 수 없다. 노력 없이는 불가능하다.

지금은 경제협력의 첫 단계이고 우리나라가 최대 교역상대국이기 때문에 우리 기업들에 대한 베트남의 의존도가 매우 높다. 거기에 박항서 감독이 덕장으로서 보여준 모습은 베트남에 아름다운 한국의 인상을 심어주기에 충분했다. 하지만 한순간에 변할 수 있는 게 국가의 이미지이고 기업에 대한 감정이다. 특히 기업의 경우 이윤만 취하려 한다는 이미지가 생겨나면 한번 돌아선 대중의 감정을 되돌리기란 결코 쉽지 않다. 그렇기 때문에 베트남의 계속될 성장에 우리 기업과 한류가 변함없이 함께하기 위해서는 이윤을 추구하는 것만이 아니라 베트남의 사회와 문화에 기여하는 활동들이 반드시 필요하다.

그것이 바로 기업의 사회적 책임, 즉 CSR(Corporate Social Responsibility)이다. 경제성장 초기 단계인 베트남은 아직까지 기업의 사회적 책임에 대한 요구가 높지 않다. 그렇다고 CSR이 필요 없다는 뜻이 아닌 건 당연하다. 오히려 우리 기업들이 베트남에서 만들어내는 이윤이 커지는 만큼 CSR에 대한 책임도 선도적으로 키워야 한다. 이제 한국 기업이라는 이미지만으로 성공이 계속되기는 힘들다. 가장 중요한 것은 기술력이겠지만 그에 못지않게 중요한 것이 이윤을 지역사회와 함께 나누는 상생의 정신이다. 그래야 기업의 이미지는 물론 가치도 함께 높아져, 성장할 수밖에 없는 베트남의 일원으로서 한국 기업이 자리매김할 수 있을 것이다.

이것이 비단 대기업만의 의무일까? 베트남에 둥지를 튼 수많은 중소기업도 마찬가지다. 그뿐인가, 베트남에 투자하는 개인들에게도 해당되는 이야기다. 여전히 많은 사람들이 내게 질문한다. 베트남에서 돈을 벌어서 어떻게 한국으로 가져오냐고. 본문에서 이미 말했지만 다시 한 번 강조한다. 왜 이윤을 가져오려하는가? 베트남에서 더 투자하고 소비를 하자. 베트남을 돈벌이수단으로만 여긴다면 양국의 밀월관계는 오래가지 못할 것임을 명심하자. 단기성 투자대상이 아니라 장기적 상생의 파트너로, 저임금 생산기지가 아니라 가능성이 무궁무진한 소비시장으로 발상을 전환할 때 비로소 베트남 시장의 새로운 기회가 열릴 것이다.

| 주(註) |

본문 내용의 일부는 〈중앙일보〉 등의 언론매체에 기고한 글들을 바탕으로 하고 있다. 그 밖의 자료 출처는 다음과 같다.

1장

1) Kousuke Motani. 2010. *Defure no Shoutai – Keizai wa 'Jinkou no Nami"de Ugoku*. Kadokawa Corporation. Tokyo.

2) Crenshaw, Ameen, and Christensen. 1997. "Population Dynamics and Economic Development: Age-Specific Population Growth Rates and Economic Growth in Developing Countries, 1965 to 1990." *American Sociological Review* 62(6):974.

3) 2017. *Women's Entrepreneurship 2016/2017 Report*. Global Entrepreneurship Monitor, Smith College.

4) 2018. 『베트남 개황』. 외교부.

5) 2018. "BÁO CÁO ĐIỀU TRA LAO ĐỘNG VIỆC LÀM." TỔNG CỤC THỐNG KÊ.

6) Ho Ǒng Anh, "Đ —u l¢ gi£ trị của thế hệ Millennial?" Brands Vietnam. (https://www.brandsvietnam.com/13578-Dau-la-gia-tri-cua-the-he-Millennial)

7) 2019. 『베트남 대학 현황 자료』. 베트남 호치민 한국교육원.

8) 2018. 『베트남 개황』. 외교부.

9) Anh Minh. 2018. "Vietnam eyes $10,000 per capita income by 2035." *Vnexpress*. 2018/12/6.

2장

1) 2018. "1.5 million Vietnamese join middle class each year." *VietnamnetNEW*. 2018/4/17.

2) 김솔이. "베트남 경제부총리 '투자 확대를'… 韓 금투업계 '규제 풀어 달라' 적극호응". 『오피니언뉴스』. 2019/6/20.

3) 2018. 『베트남 개황』. 외교부.

4) 2019. "New Vietnam Fintech Startup Map Showcases Vietnam's Growing Fintech Landscape." *Fintechnews Vietnam*. 2019/6/11.